Britta van Hoorn/Martina Schlecht: Basteln im Religionsunterricht

Inhaltsverzeichnis

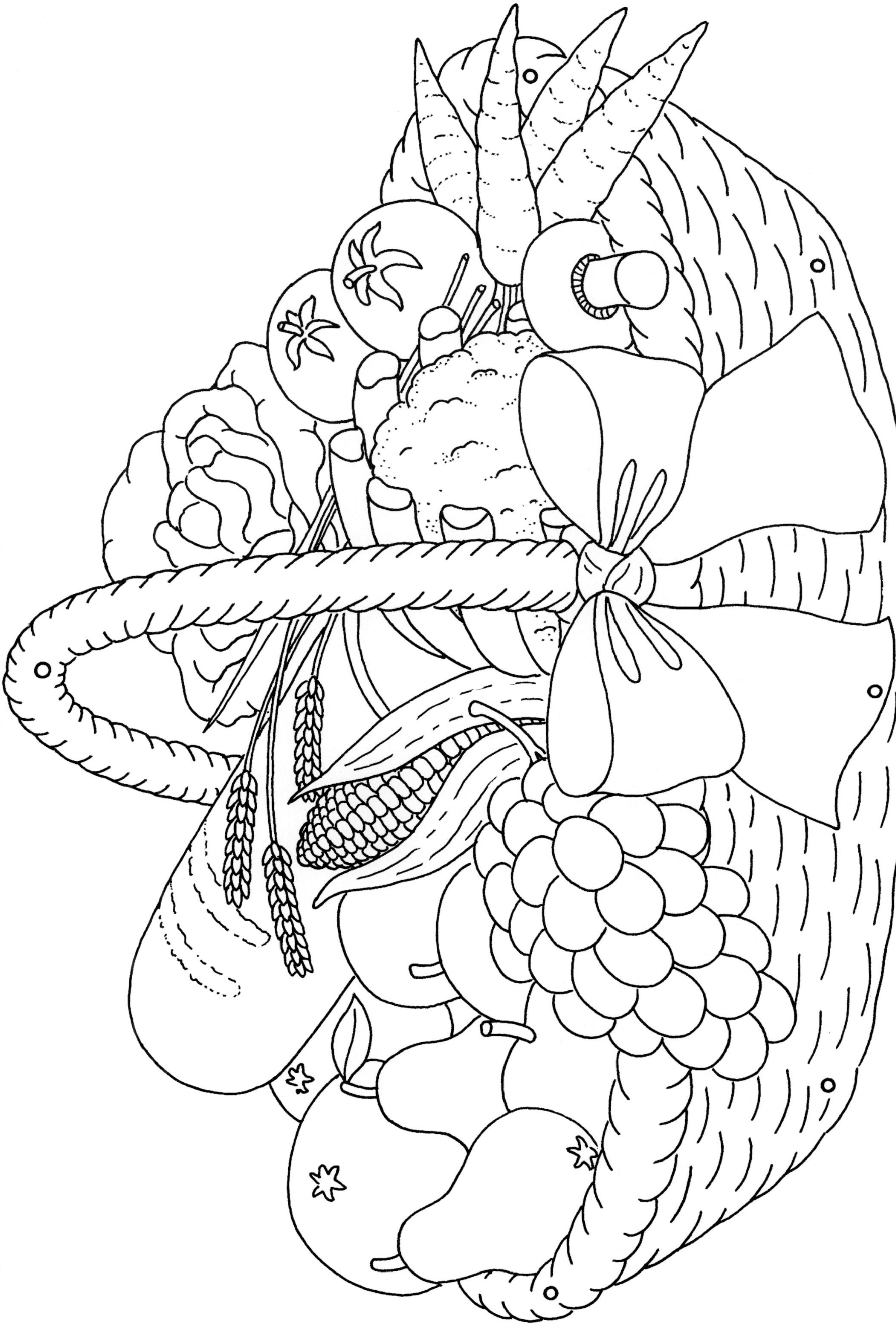

Material: Schere, Buntstifte, Klebstoff, dünner Karton, Nadel und Zwirn.

1. Klebe oder kopiere die Vorlagen (Teil 1 und 2) auf Karton.
2. Male den Korb und die Früchte bunt an und schneide sie aus.
3. Stich die eingezeichneten Löcher durch.
4. Befestige die Früchte mit Zwirn am Erntedankkorb wie in der Abbildung.
5. Jetzt kannst du dein Mobile an einem Faden aufhängen.

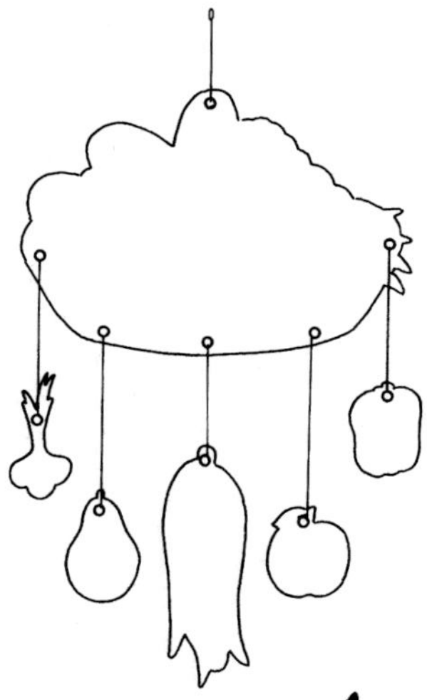

Erntedankfest

- Überlege, wofür du Gott danken kannst!
- Wie wird bei euch das Erntedankfest gefeiert?

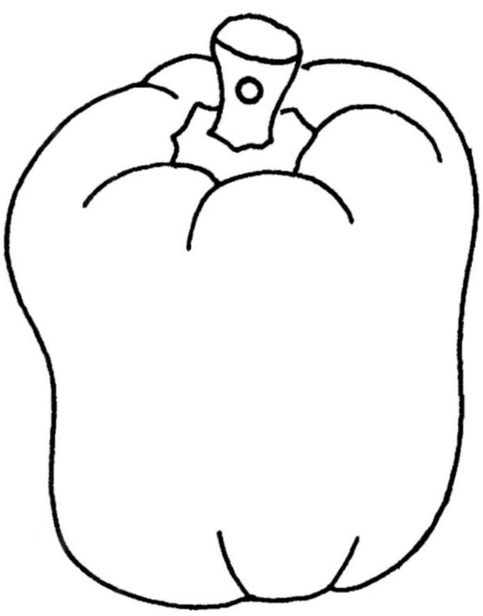

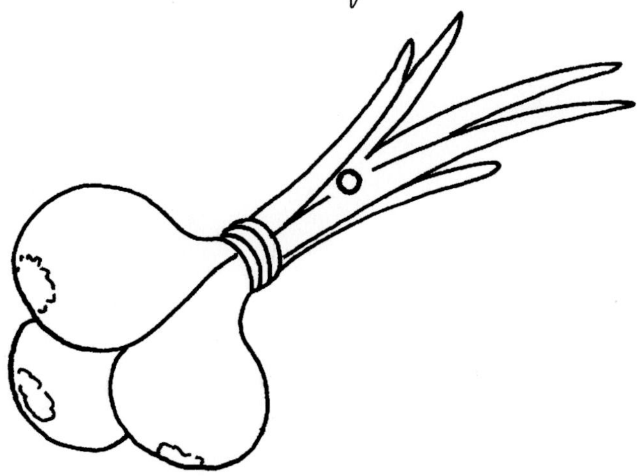

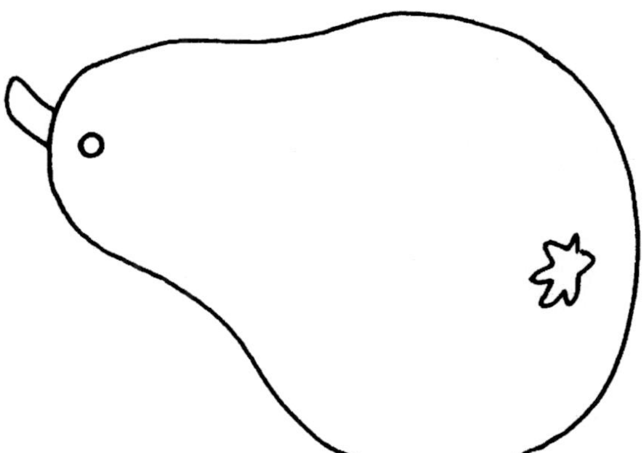

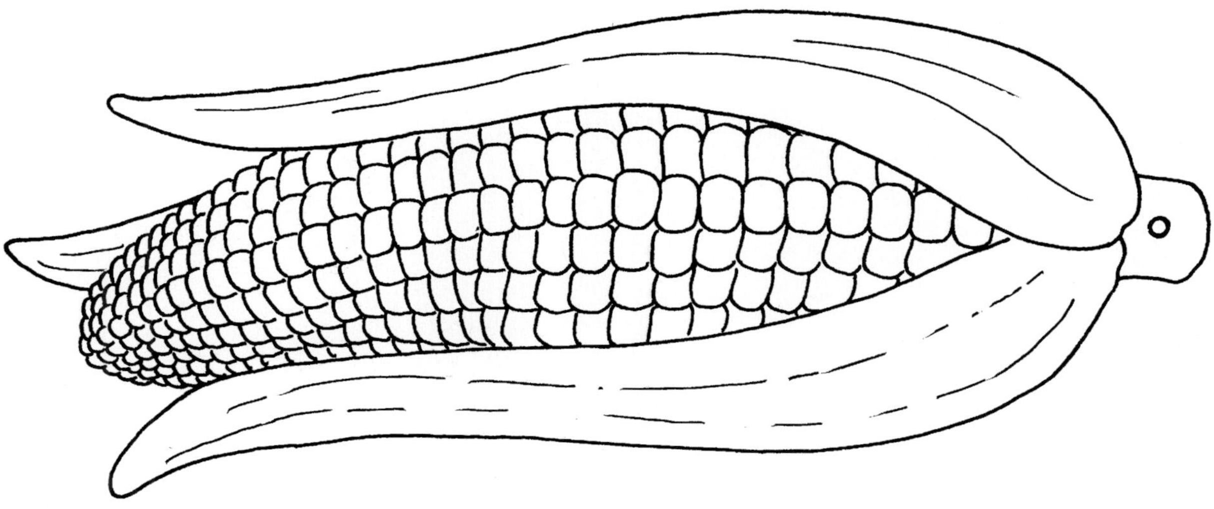

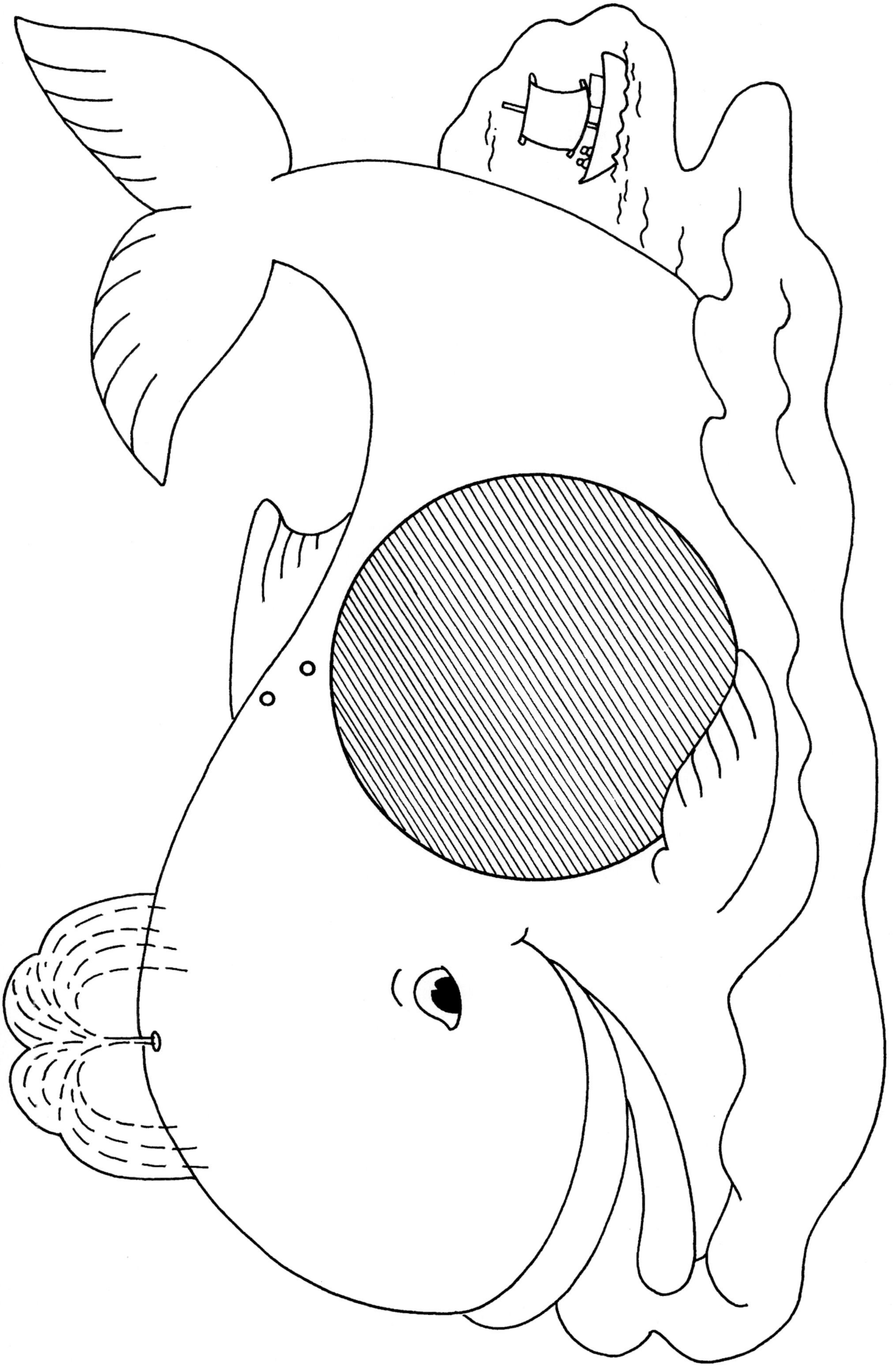

Material: Schere, Buntstifte, Klebstoff, dünner Karton, Nadel und Zwirn.

1. Klebe oder kopiere die Vorlagen (Teil 1 und 2) auf Karton.
2. Male den Fisch und Jona an und schneide sie aus. Schneide auch die schraffierte Fläche im Bauch des Fisches heraus.
3. Stich die eingezeichneten Löcher durch und befestige Jona mit Zwirn im Fisch.
4. Jetzt kannst du dein Fensterbild an einem Faden aufhängen.

Jona und der Fisch (Jona 1–4)

- Erzähle die Geschichte von Jona nach!
  Die Fragen helfen dir beim Erzählen:
  - Was wollte Gott von Jona?
  - Wie geriet Jona in den Bauch des Fisches?
  - Was tat er nach seiner Rettung?
  - Wie verhielten sich die Bürger von Ninive?
  - Warum war Jona enttäuscht?

Du kannst in deiner Kinderbibel nachlesen, wenn du nicht mehr alles genau weißt.

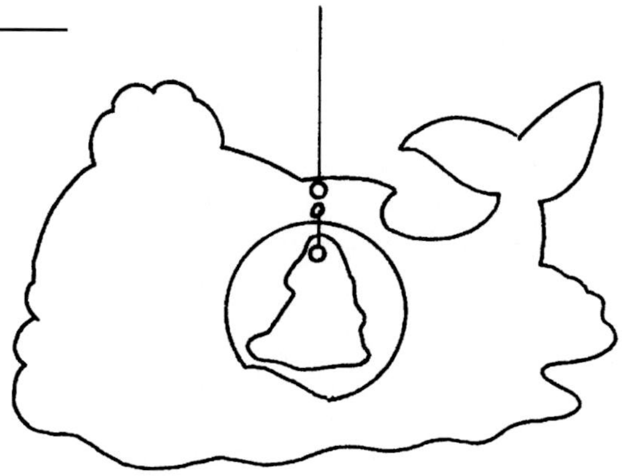

Material: Schere, Buntstifte, Gummiband, Faden, Luftballon (am besten mit Gasfüllung).

1. Male die Vorlage an und schneide sie aus.
2. Schreibe deine Nachricht an den lieben Gott und deinen Absender dazu.
3. Rolle das Blatt auf und halte es mit dem Gummiband zusammen.
4. Befestige deine Nachricht mit dem Faden am Ballon und lass sie fliegen.

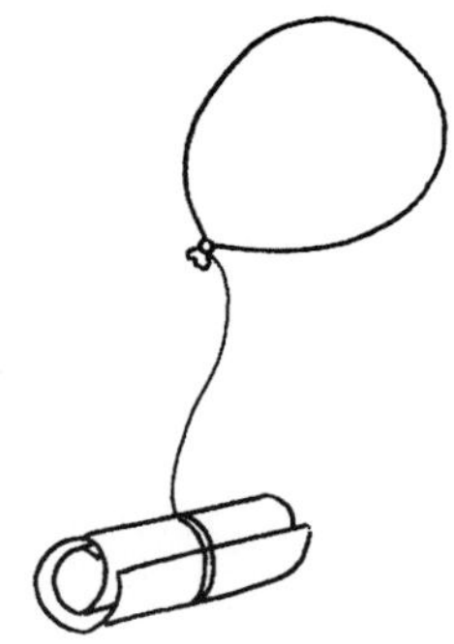

Was soll ich dem lieben Gott schreiben?

Du kannst ihm alles sagen. Du kannst über deine Sorgen, deine Angst, deine Not, aber auch über Freude und Glück berichten. Es kann auch eine Bitte sein, ein Dank oder etwas, was dir besonders am Herzen liegt. Schreib eine kleine Geschichte oder ein Gedicht. Sprich zu Gott einfach wie zu einem besonders guten Freund.

Material: Schere, Buntstifte, Klebstoff.

1. Male die Bilder und das Deckblatt (Teil 2) an, schneide sie aus und ordne die Bilder in der richtigen Reihenfolge den Plagen zu.
2. Klebe die Bilder in das Leporello (Teil 1) und schneide die Teile aus.
3. Klebe das Deckblatt auf die Rückseite der 1. Plage und gestalte auch die Rahmen farbig.
4. Klebe die Leporelloteile an den Klebeflächen zusammen (Abbildung 1).
5. Falte das Leporello an den Punktlinien wie eine Ziehharmonika.

1. PLAGE	2. PLAGE	3. PLAGE	Klebefläche
Das Wasser wird zu Blut.	Frösche sind überall.	Stechmücken überfallen alle.	

4. PLAGE	5. PLAGE	6. PLAGE	Klebefläche
Stechfliegen sind überall.	Die Tiere sterben an Seuchen.	Alle bekommen Ausschläge.	

7. PLAGE	8. PLAGE	9. PLAGE	10. PLAGE
Hagel vernichtet die Ernte.	Heuschrecken fressen alles weg.	Drei Tage herrscht tiefe Finsternis.	Die Erstgeburt stirbt.

Foto-Wand – Der gute Hirte (Teil 1)

Material: Schere, Klebstoff, Buntstifte, farbiger Tonkarton, Fotos der Kinder deiner Klasse.

1. Male die Vorlagen (Teil 1 und 2) an und schneide sie aus.
2. Klebe den guten Hirten an der Klebefläche zusammen.
3. Klebe das ganze Motiv auf farbigen Tonkarton.
4. Klebe alle Fotos auf den Mantel des Hirten. (Wenn du die Köpfe ausschneidest, passen mehr Kinder auf den Mantel.)

Tipp: Eine größere Foto-Wand entsteht, wenn du die Vorlagen auf A3 vergrößerst.

Der gute Hirte

- Wer ist mit dem guten Hirten gemeint, der euch behütet?
- Lies die Geschichte vom verlorenen Schaf nach. (Luk. 15, 1–7)

Klebefläche

Die zehn ägyptischen Plagen

• Erzähle wie es dazu kam, dass Gott den Ägyptern zehn Plagen schickte.

Moses Auftrag

Gott gab Mose einen schwierigen Auftrag: „Geh zum Pharao und bitte ihn, die Israeliten gehen zu lassen.“ Der Pharao lehnte energisch ab und ließ sich zuerst auch nicht durch die furchtbaren Plagen, die Gott den Ägyptern schickte, umstimmen. Erst als sein Sohn starb, ließ er das Volk ziehen.

Gottes Anweisungen zum Schutz der Israeliten vor der 10. Plage

1. Schlachtet ein Lamm oder eine Ziege und streicht das Blut an die Rahmen der Haustüren.
2. Bratet das Fleisch und esst es mit Kräutern und ungesäuertem Brot.
3. Haltet euch zum Aufbruch bereit.

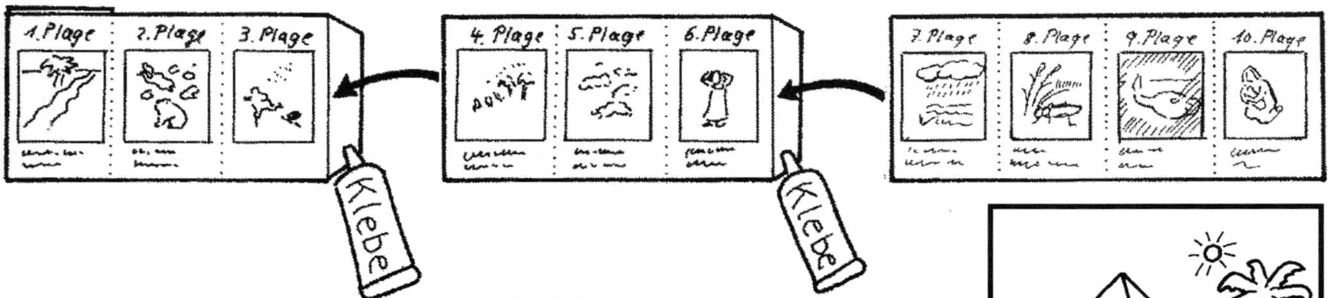

Abbildung 1

Deckblatt

Material: Schere, Klebstoff, Buntstifte, dünner Karton, Nadel und Zwirn.

1. Klebe oder kopiere die Vorlage auf Karton.
2. Male die Taube an und schneide sie aus.
3. Stich das eingezeichnete Loch durch und befestige einen Aufhängefaden.

Die Taube – ein Friedenssymbol

Im Alten Testament bringt sie einen Ölzweig.

• Kennst du die Geschichte? (1. Mose 8, 11)

Im Neuen Testament taucht sie im Zusammenhang mit Jesus auf.

• Bei welchem Ereignis war das? (Luk. 3, 21 ff.)

Material: Schere, Buntstifte, Klebstoff, dünner Karton (Tonpapier), Krepppapier, Band.

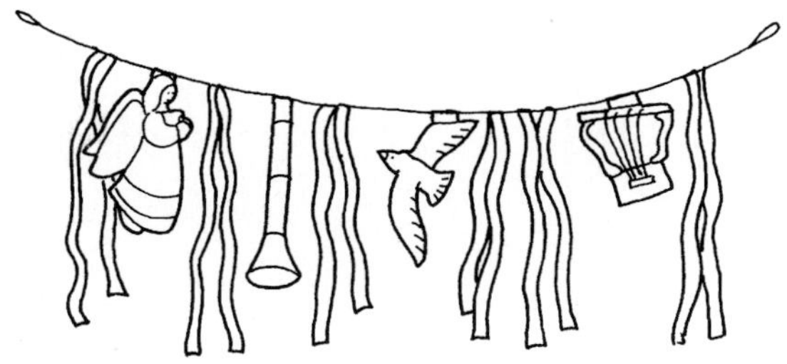

1. Schneide die Vorlagen aus und benutze sie als Schablonen. Lege sie auf Karton (Tonpapier) und zeichne sie mehrmals nach. (Du kannst die Vorlagen auch kopieren und auf Karton kleben.) Pro Meter Girlande brauchst du ca. 6 Motive.
2. Male die Motive an und falze sie an den Punktlinien.
3. Schneide Krepppapierstreifen zu.
4. Klebe die Motive und die Krepppapierstreifen im Wechsel an das Band wie in der Abbildung.

Symbole

- Nenne Geschichten aus der Bibel, in denen Engel, Posaunen, eine Taube oder eine Harfe vorkommen!

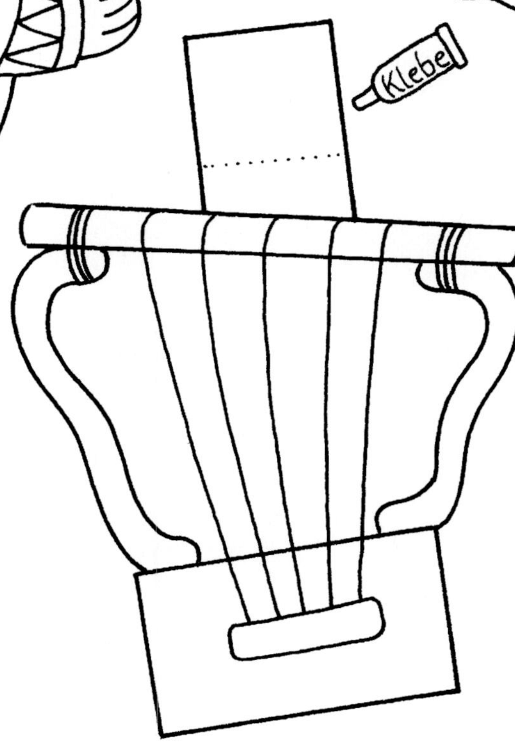

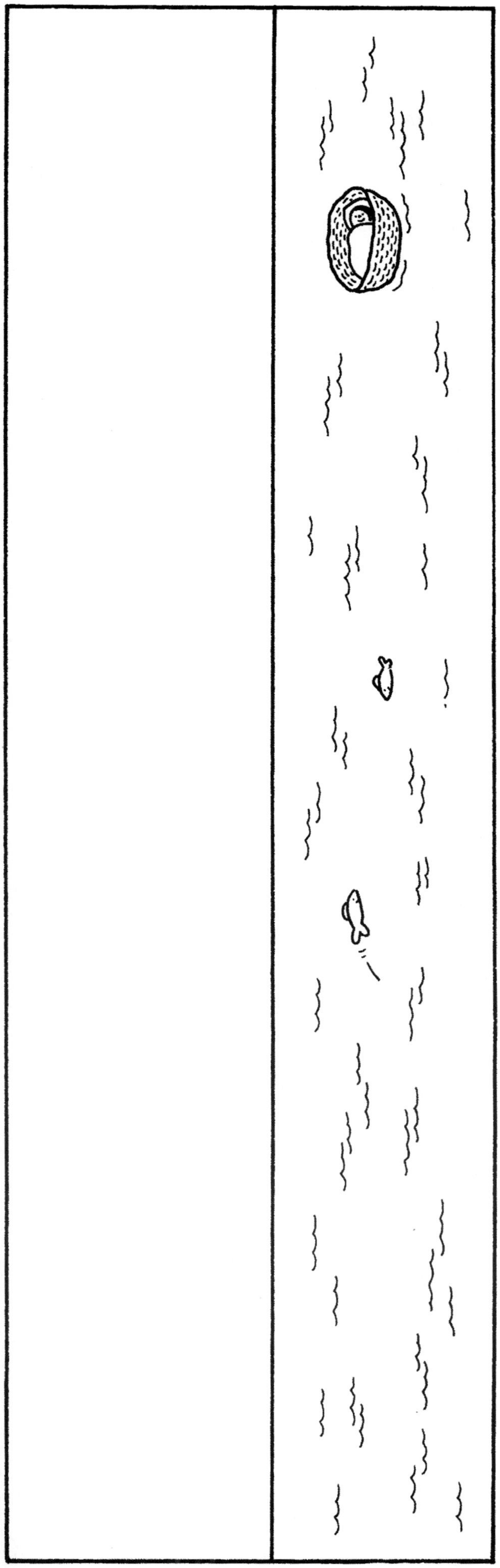

Material: Schere, Buntstifte, Klebstoff, fester Karton.

1. Klebe oder kopiere die Vorlagen (Teil 1 und 2) auf festen Karton und male sie an.
2. Schneide beide Motive (schraffierte Fläche nicht vergessen) an der dicken Außenlinie aus.
3. Falze das Bild (Teil 2) an den Punktlinien und klebe es an der Klebefläche zusammen.
4. Schiebe den Streifen (Teil 1) in das Bild (siehe Abbildung) und ziehe Mose im Körbchen langsam bis zur ägyptischen Prinzessin.

Moses Rettung (2. Mose 2)

- Warum setzte die Mutter ihr Kind auf dem Nil aus?
- Was geschah, als die ägyptische Prinzessin das Kind fand?
- Wer beobachtete die Rettung?
- Erzähle! Du kannst in deiner Kinderbibel nachlesen, wenn du nicht mehr alles genau weißt.

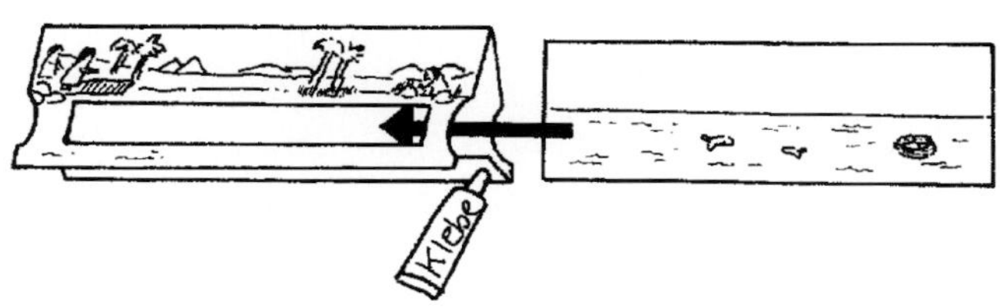

Klebefläche

Material: Schere, Buntstifte, Klebstoff, zwei Klappkarten mit Umschlag (evtl. farbiges Tonpapier zuschneiden).

1. Male die Vorlagen an, schneide sie aus und klebe die Motive auf die Klappkarten.
2. Schreibe einen persönlichen Gruß auf die Karten.

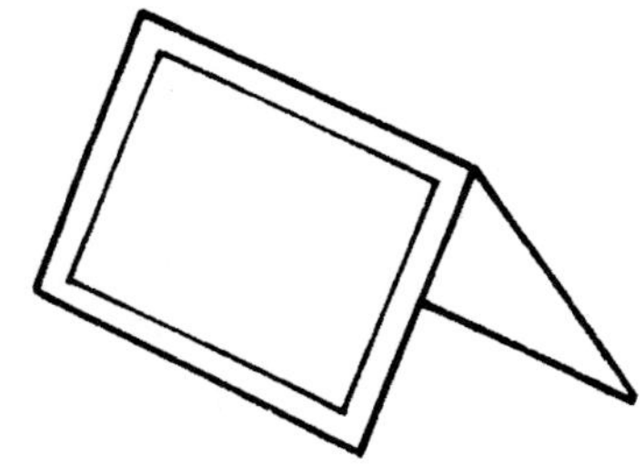

Segenswünsche

- Verschicke oder verschenke deine Karten an Menschen, denen du eine besondere Freude machen möchtest, weil sie vielleicht krank, traurig oder einsam sind – oder weil du sie einfach sehr gern hast.

WIE SCHILD UND SCHUTZWALL DECKT DICH SEINE TREUE.

Psalm 91/4

Der Segen des allmächtigen Gottes begleite dich in jeder Stunde, an jedem Tag.

Irischer Segenswunsch

Material: Schere, Buntstifte, Klebstoff, Karton.

1. Kopiere die Vorlage 2-mal und klebe die Kopien auf Karton (evtl. auf A3 vergrößern).
2. Male die Motive an und schneide die Karten aus.

Spielregel: Lege alle Karten verdeckt auf den Tisch. Die Spieler decken abwechselnd zwei Karten auf. Paare werden herausgenommen, andere Karten wieder verdeckt zurückgelegt. Ziel ist es, möglichst viele Kartenpaare zu finden. Am Ende deckt jeder Spieler seine Kartenpaare auf und er erzählt die dazugehörige Geschichte oder erklärt das Symbol. Kann er das nicht, muss er sein Kartenpaar zurücklegen oder an den Spieler abgeben, der diese Aufgabe löst. Erst jetzt wird der Gewinner mit den meisten Paaren ermittelt.

Kronen und Stern für Sternsinger (Teil 1) ●●

Material: Klebstoff, spitze Schere (Cutter), Goldfolie oder gelbes Tonpapier, schmales Gummiband, Klebeband und Rundholz.

1. Schneide die Vorlagen (Teil 1, 2 und 3) aus und benutze sie als Schablonen.
2. Übertrage die Vorlage für die Krone (Teil 1) auf Goldfolie oder Tonpapier und schneide sie aus. Stich die eingezeichneten Löcher durch und befestige ein Gummiband (Abbildung 1).
3. Die Vorlage für die Krone (Teil 2) muss 2-mal auf die Goldfolie übertragen werden. Schneide beide Teile aus, klebe die Krone zusammen (Abbildung 2) und befestige ein Gummiband (Abbildung 3).
4. Schneide den Stern (Teil 3) aus. Mit einer spitzen Schere oder einem Cutter die Zacken einschneiden und an den Punktlinien knicken (Abbildung 4). Stern mit Klebeband am Rundholz befestigen.

Tipp: Hübsch sieht es aus, wenn du deine Kronen noch verzierst.

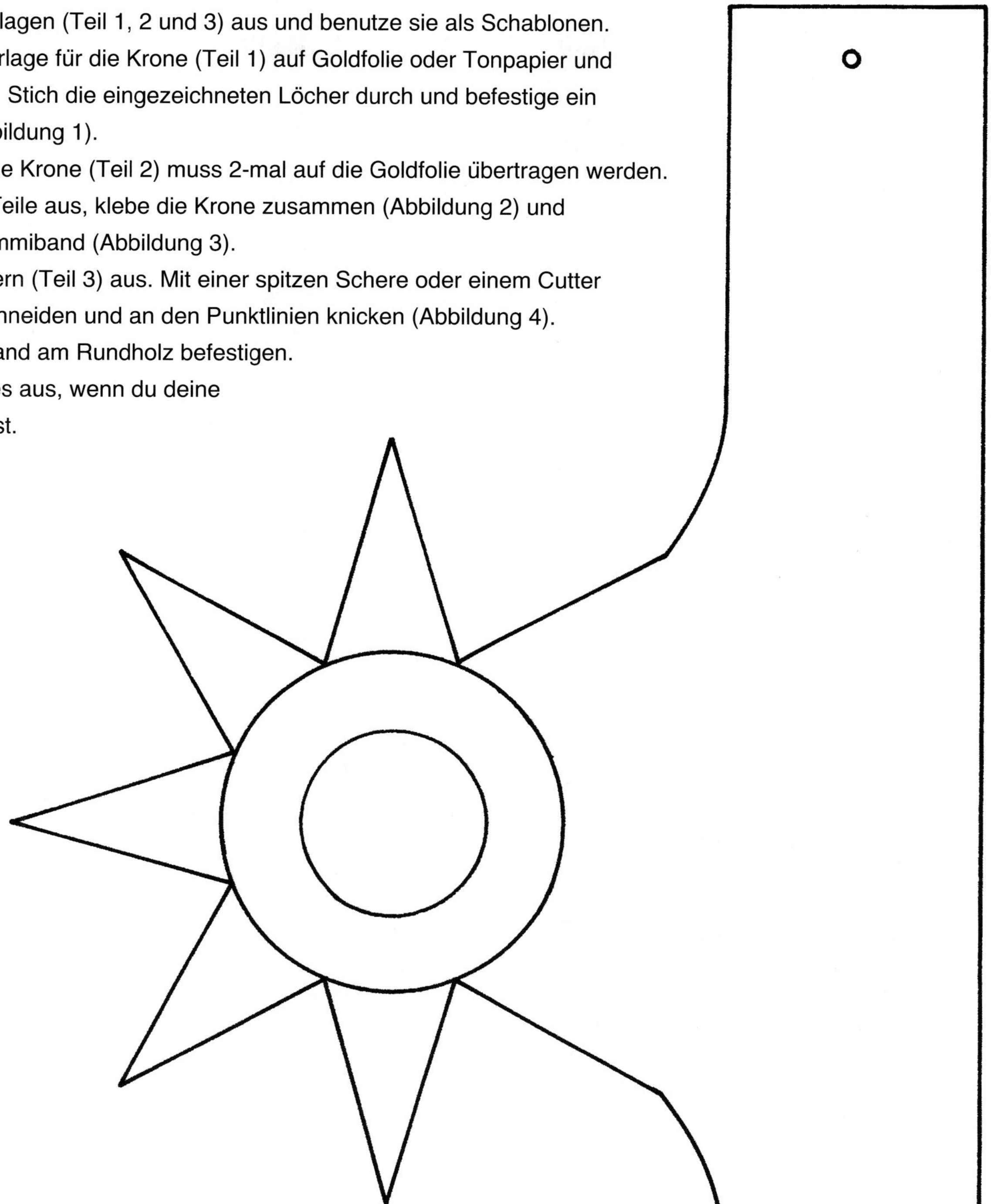

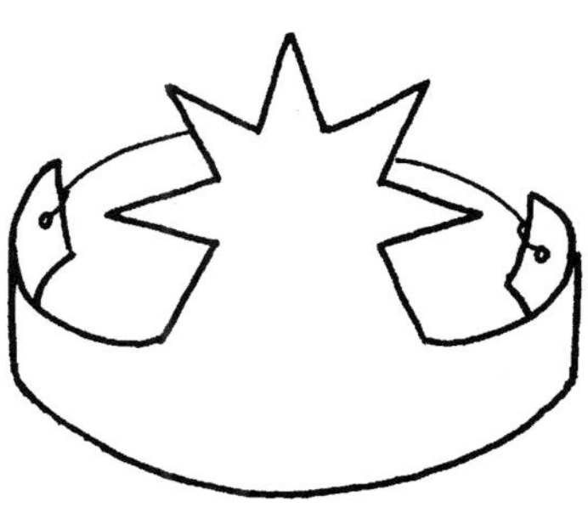

Abbildung 1

Sternensinger

Am 6. Januar ist der Tag der „Heiligen Drei Könige“. Um diese Zeit gehen Kinder mit Kronen und Stern von Haus zu Haus. Sie singen, erhalten Süßigkeiten und segnen das Haus und seine Bewohner. Dieser Brauch bezieht sich auf die drei Weisen aus dem Morgenland, die das Jesuskind besuchten und segneten.

• Kennst du ihre Namen?

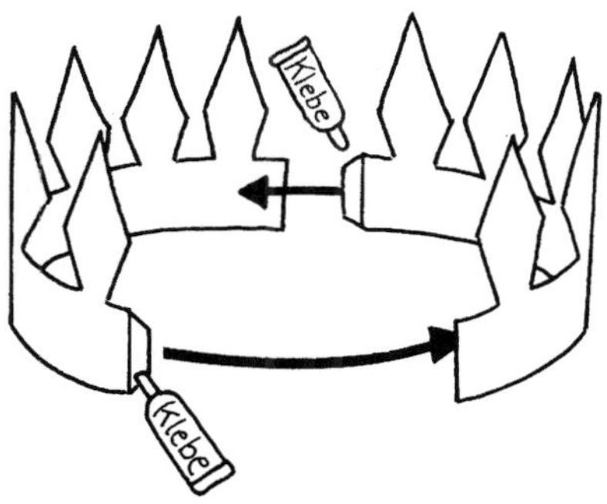

Abbildung 2

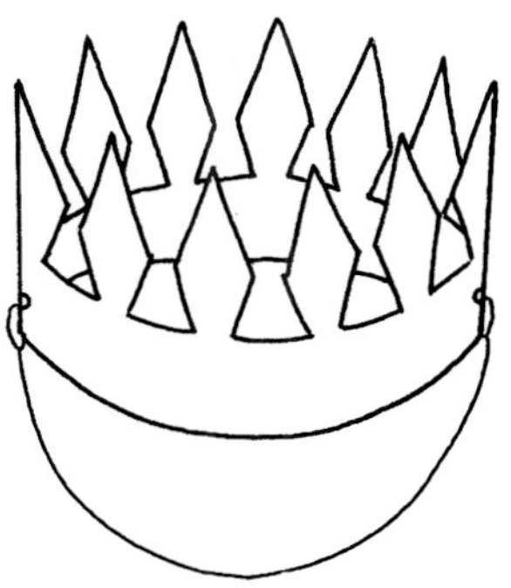

Abbildung 3

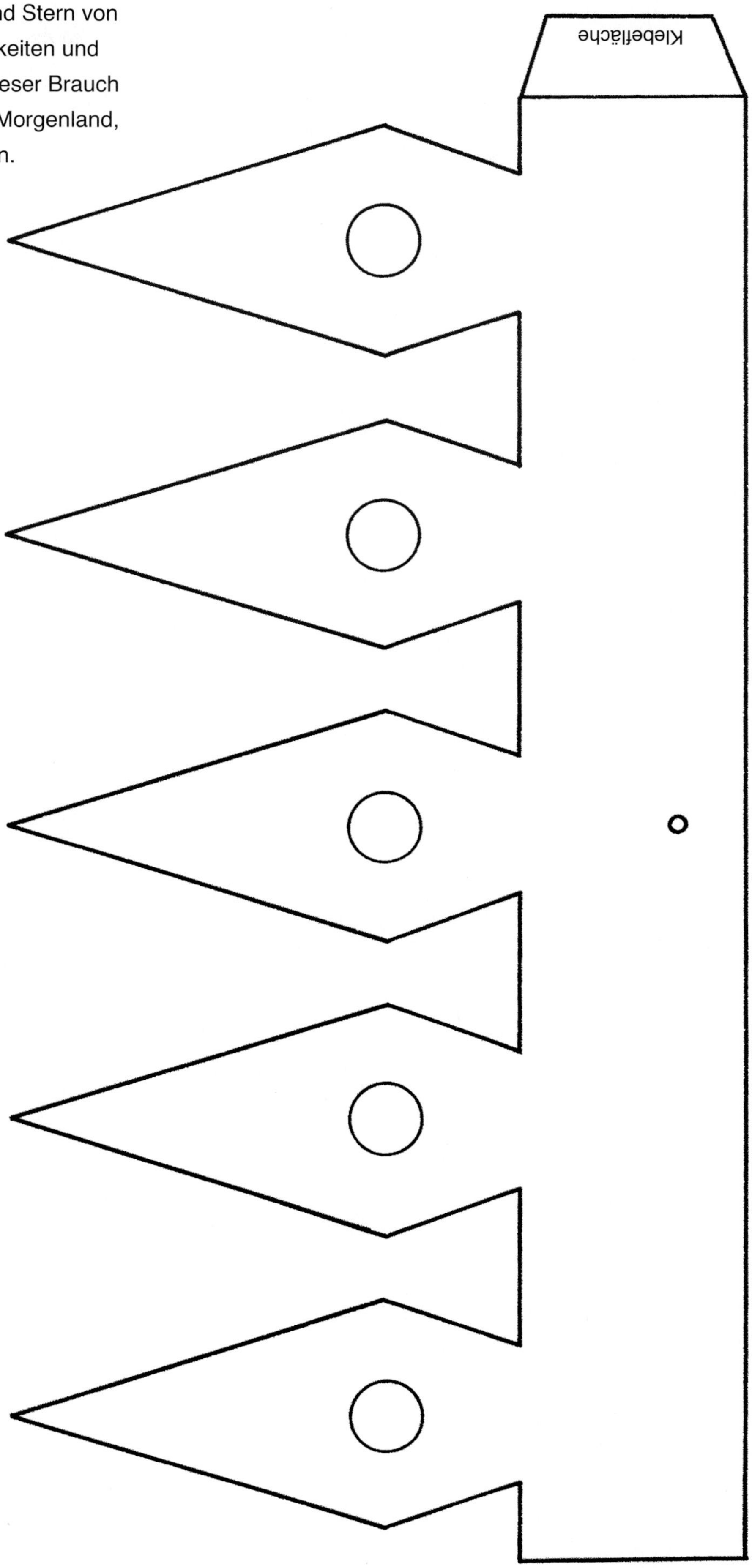

Abbildung 4

Material: Schere, Buntstifte, Klebstoff, dünner Karton.

1. Klebe oder kopiere die Vorlagen (Teil 1, 2 und 3) auf Karton.
2. Male alle Teile an und schneide sie aus.
3. Klebe die drei großen Teile zusammen und falte sie an den Punktlinien wie eine Ziehharmonika (siehe Abbildung).
4. Klebe die kleinen Figuren in das Panoramabild.

Jesus und die Frau aus Samarien (Joh. 4, 1–42)

- Lies die Geschichte in der Kinderbibel nach!
- Was ist das Besondere an dieser Geschichte?

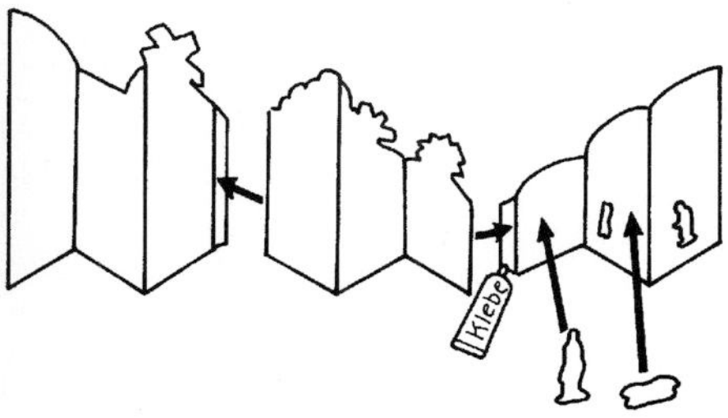

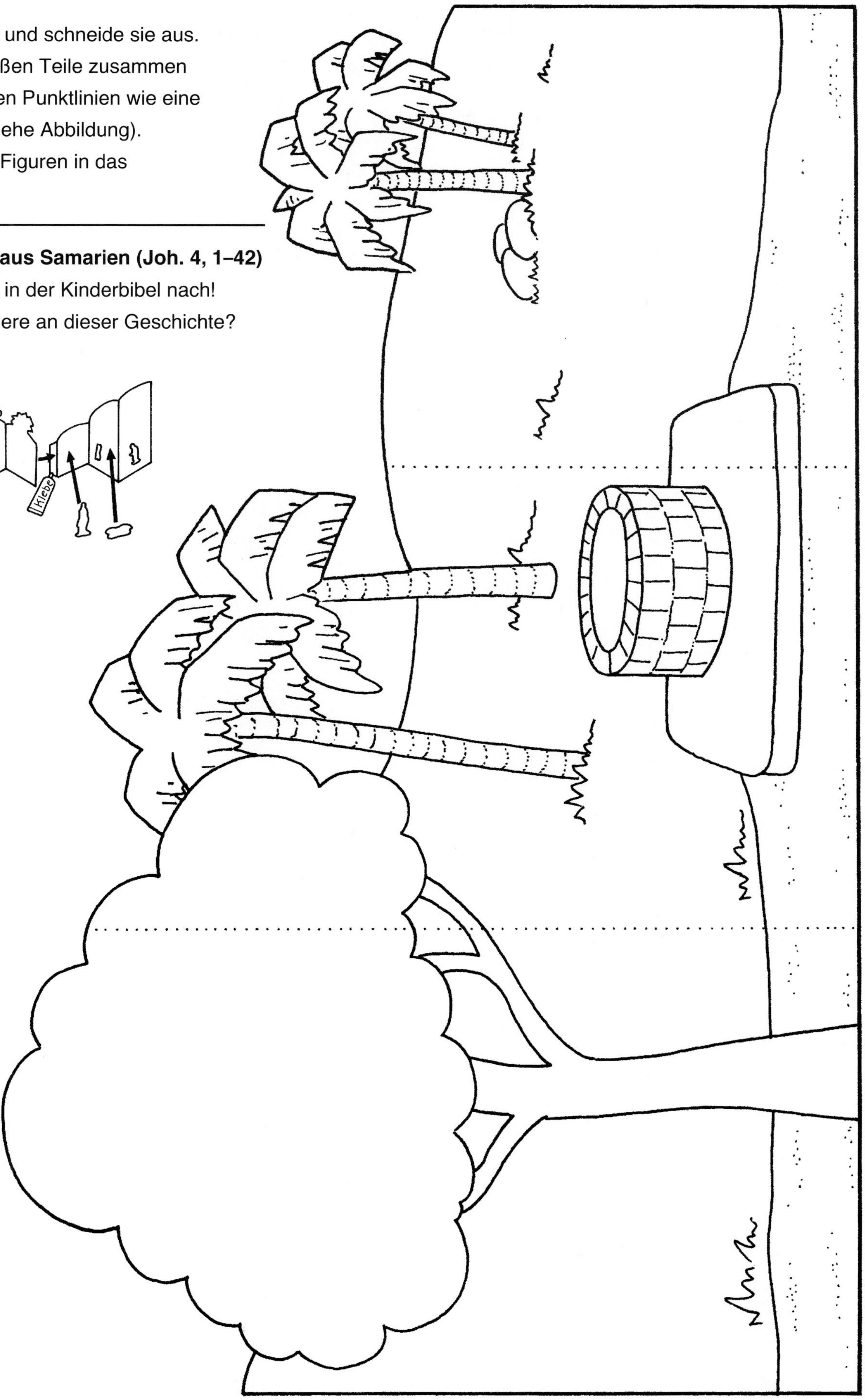

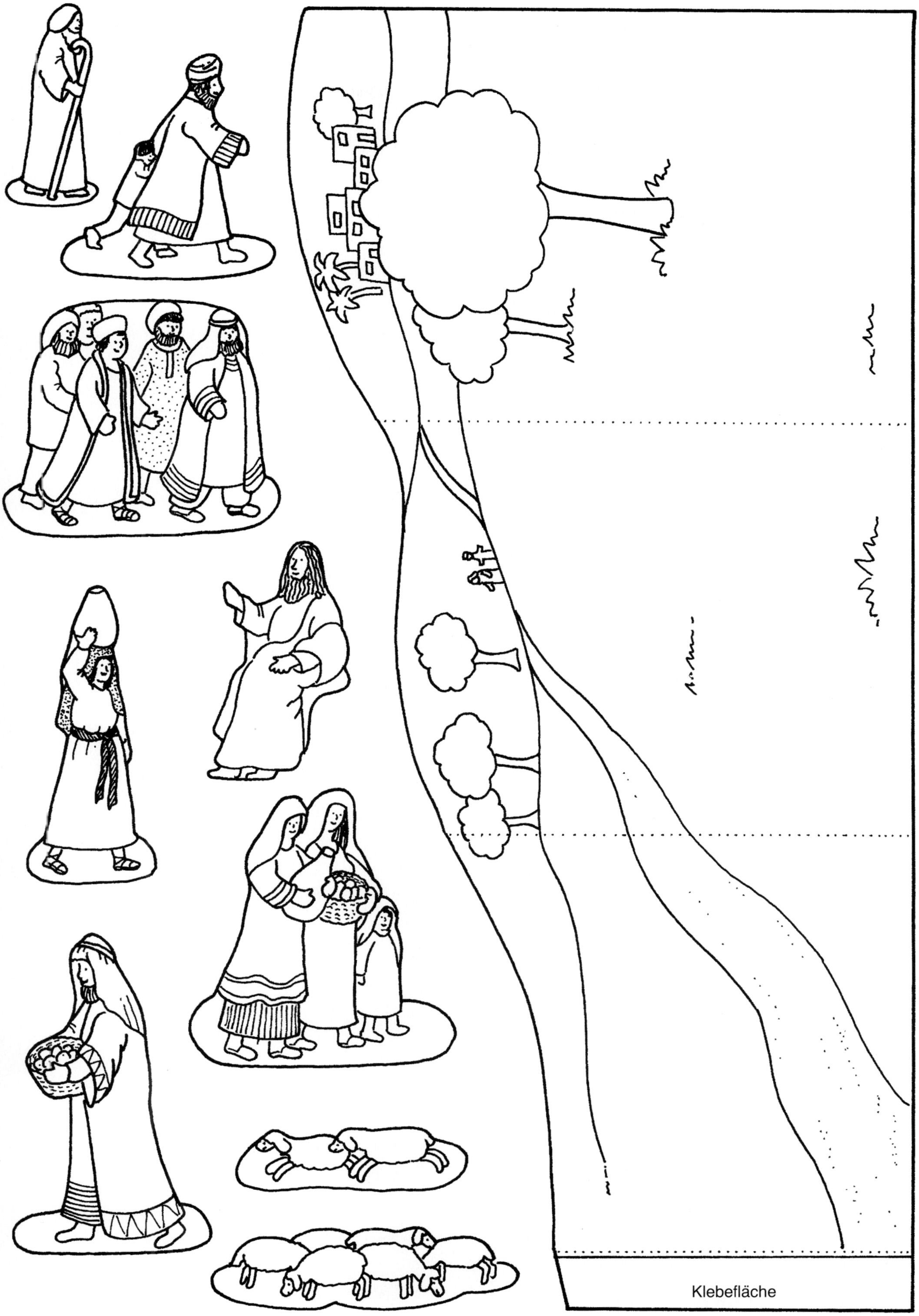
Klebefläche

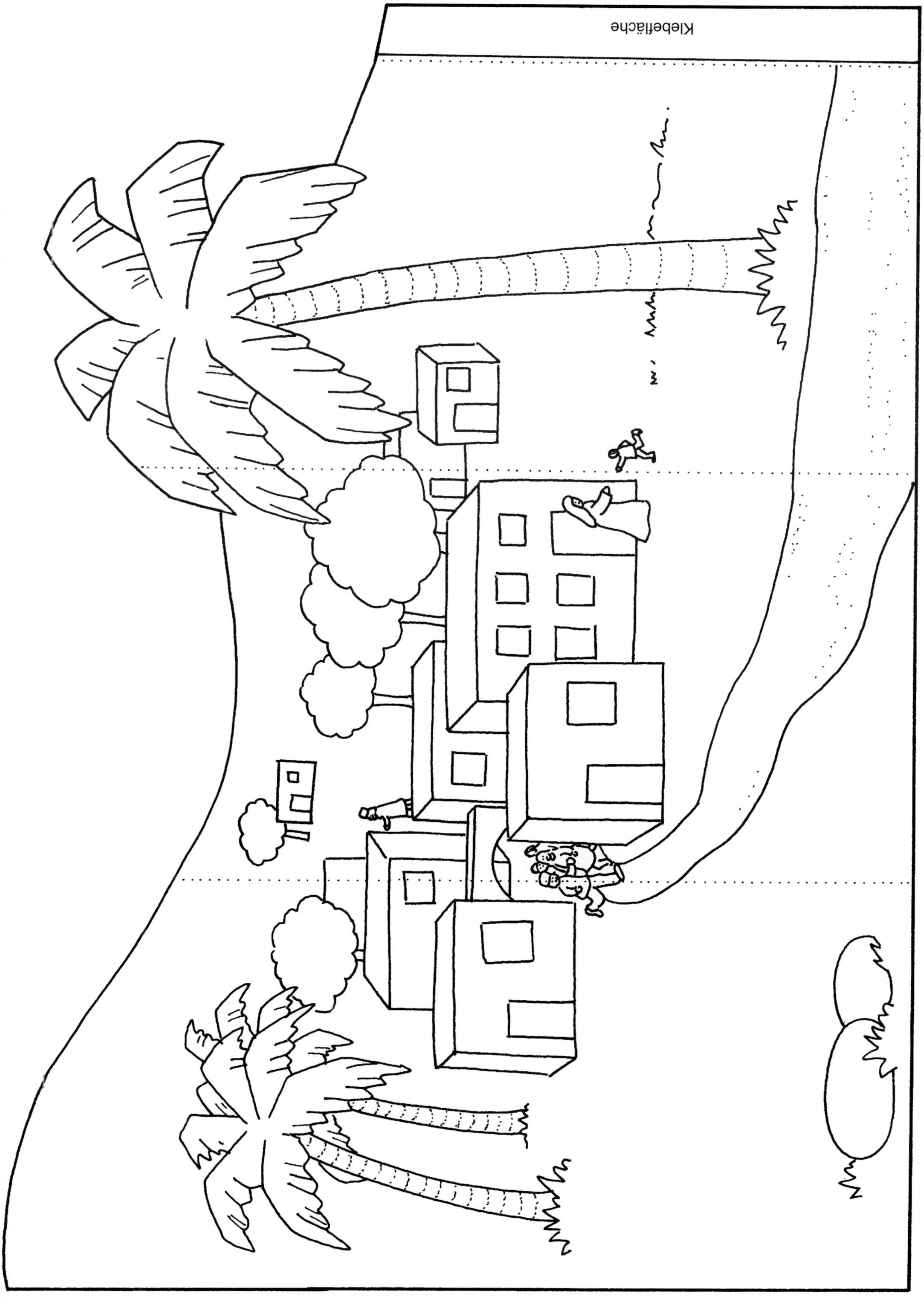
Klebefläche

Material: Schere, Klebstoff, Buntstifte, fester Karton, Briefklammer.

1. Klebe oder kopiere die Vorlagen (Teil 1 und 2) auf festen Karton.
2. Male die Scheiben bunt an und schneide sie aus. Du musst auch die schraffierte Fläche für das Fenster ausschneiden.
3. Stich die eingezeichneten Löcher in der Mitte durch und verbinde die Scheiben mit einer Briefklammer (Abbildung 1).

Die Schöpfung (1. Mose 1 und 2)

- Erzähle die Schöpfungsgeschichte durch Drehen der Scheibe schrittweise nach.
- Was tat Gott am 7. Tag?

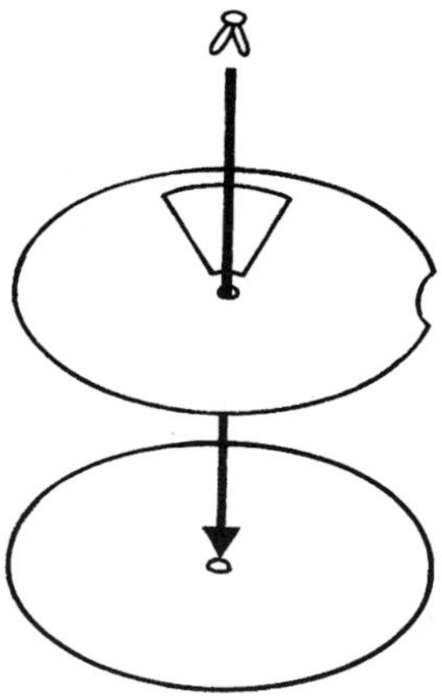

Abbildung 1

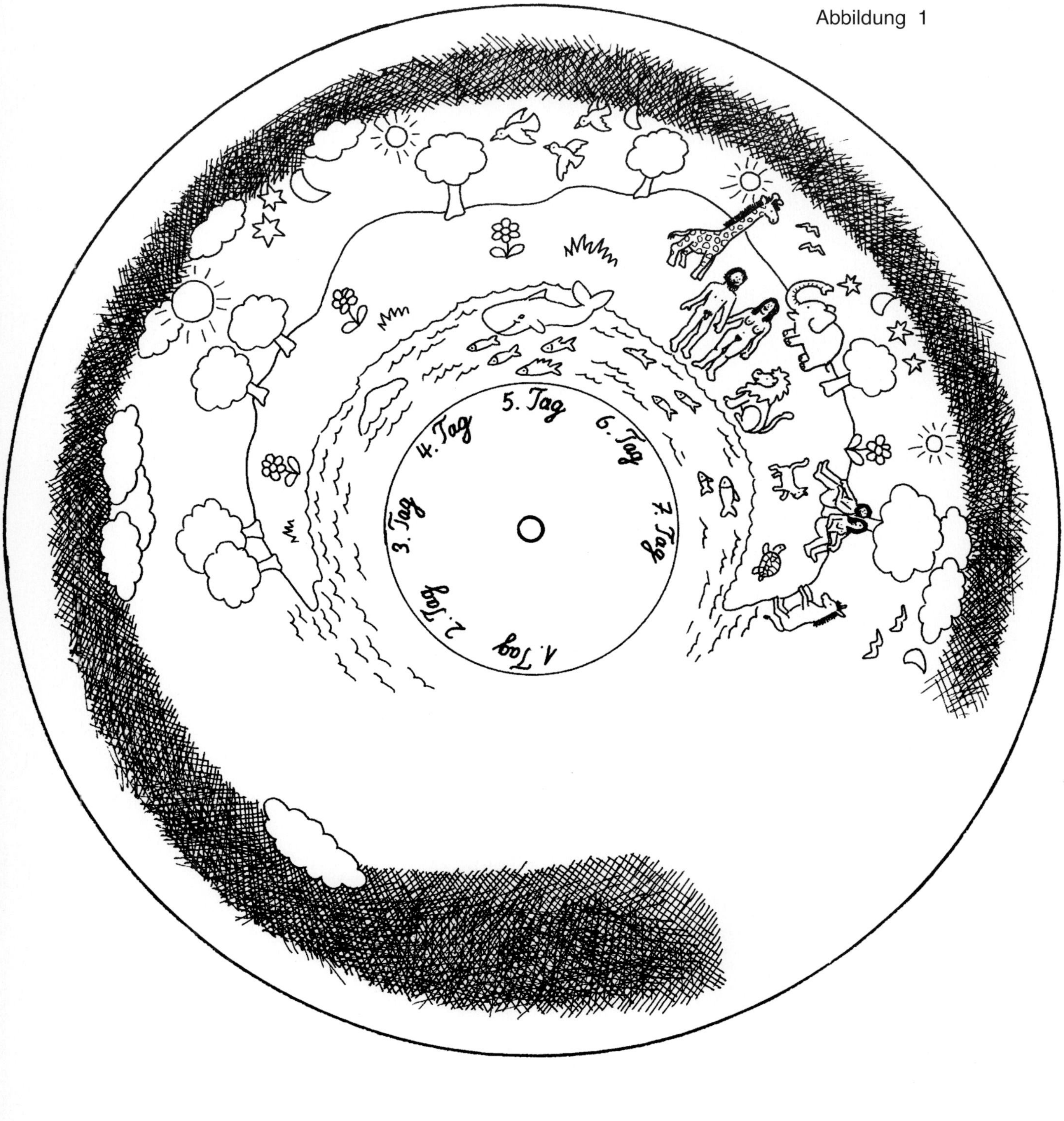

Material: Schere, Buntstifte, Plakafarbe, Pinsel, Klebstoff, Tonpapier, runde Käseschachtel.

1. Grundiere die Käseschachtel mit Plakafarbe in deiner Lieblingsfarbe und lass sie trocknen.
2. Male alle Vorlagen (Teil 1 und 2) schön bunt an.
3. Schneide die Gestaltungselemente für die Käseschachtel aus und klebe sie auf die Schachtel (siehe Abbildung) oder gestalte die Dose nach deinen eigenen Vorstellungen.
4. Klebe das Puzzle auf farbiges Tonpapier, schneide alle Puzzleteile sorgfältig aus und lege sie in die Schachtel.

Tipp: Wenn du dein Paradies verschenkst, kannst du noch eine kleine Süßigkeit oder einen lieben Gruß dazulegen.

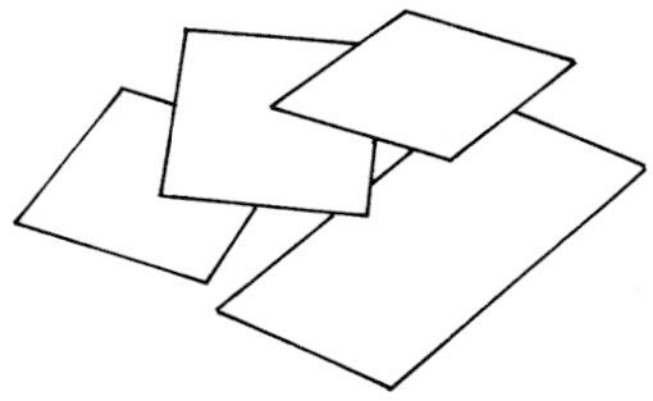

Das Paradies

Im Paradies waren die Menschen vereint mit Gott. Es gab keinen Kummer, keine Krankheiten, keine Not. Tiere und Menschen lebten in Eintracht mit der Natur friedlich miteinander.

• Was kannst du tun, damit wir dem Paradies ein wenig näher rücken?

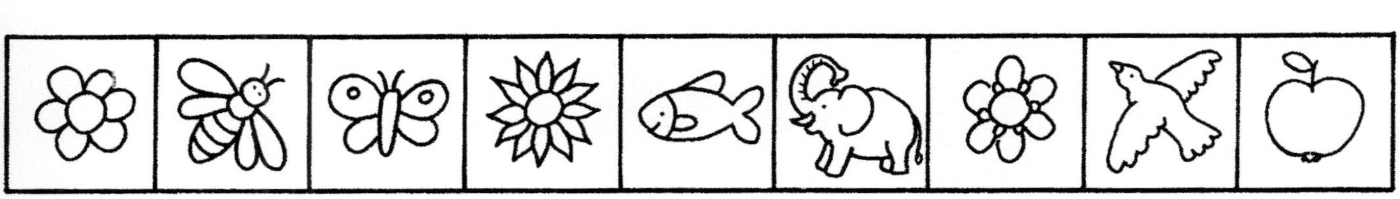

Material: Schere, Buntstifte, Klebstoff, dünner Karton, Netzstoff, Nadel und Zwirn.

1. Klebe oder kopiere die Vorlagen (Teil 1 und 2) auf Karton.
2. Male die Fische und das Boot mit den Fischern farbig an und schneide alle Teile aus.
3. Klebe die Fische auf ein Stück Netzstoff und befestige das Netz am Fischerboot (siehe Abbildung).
4. Stich die eingezeichneten Löcher durch und bringe die Aufhängefäden an.

Fischer und Fische

- Lies die Geschichte vom Fischzug des Petrus in deiner Kinderbibel nach. (Luk. 5, 1–11)
- Was bedeutet das Symbol – Fisch?
- Wie hießen die Jünger, die von Beruf Fischer waren? (Matth. 4, 18–22)

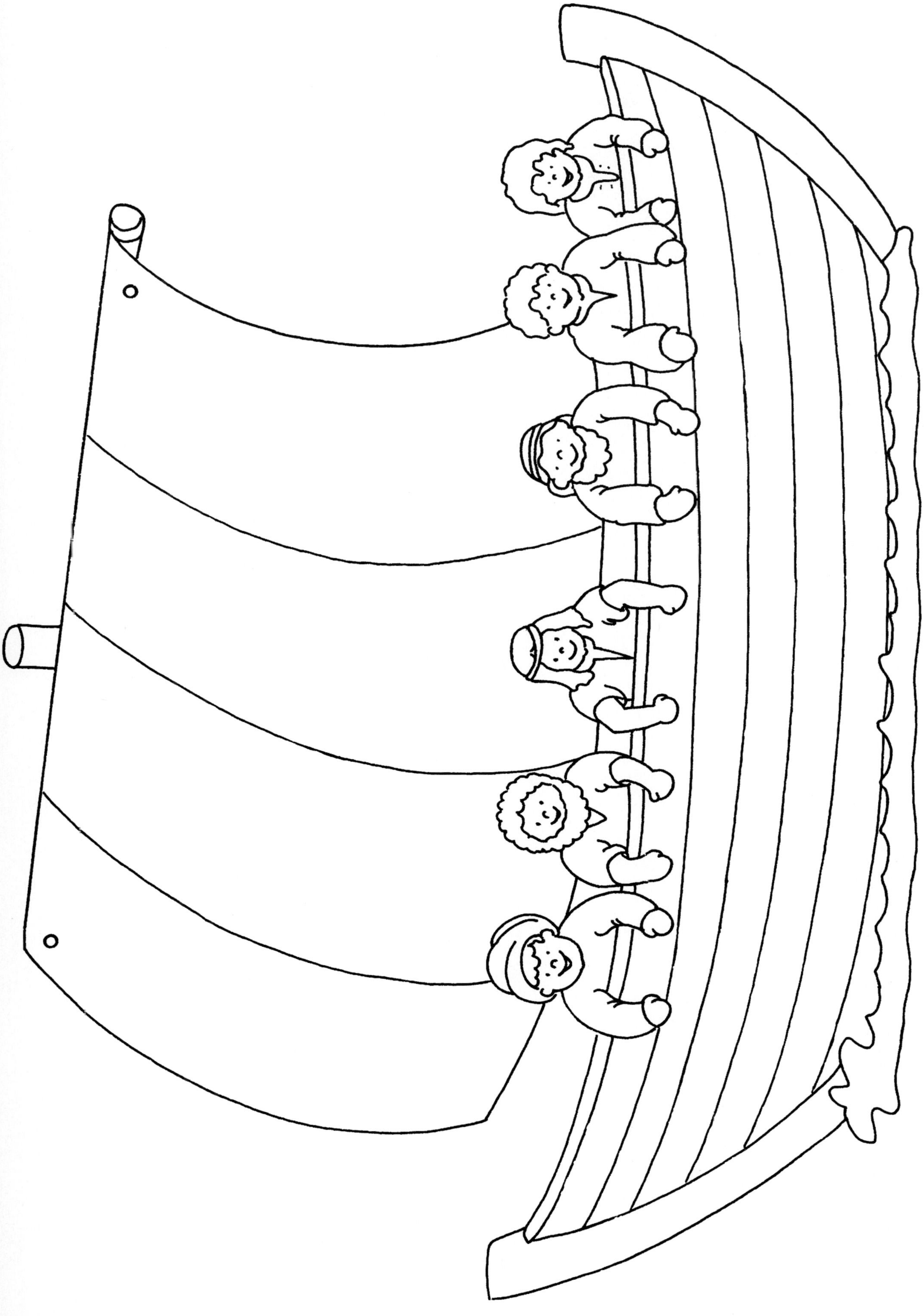

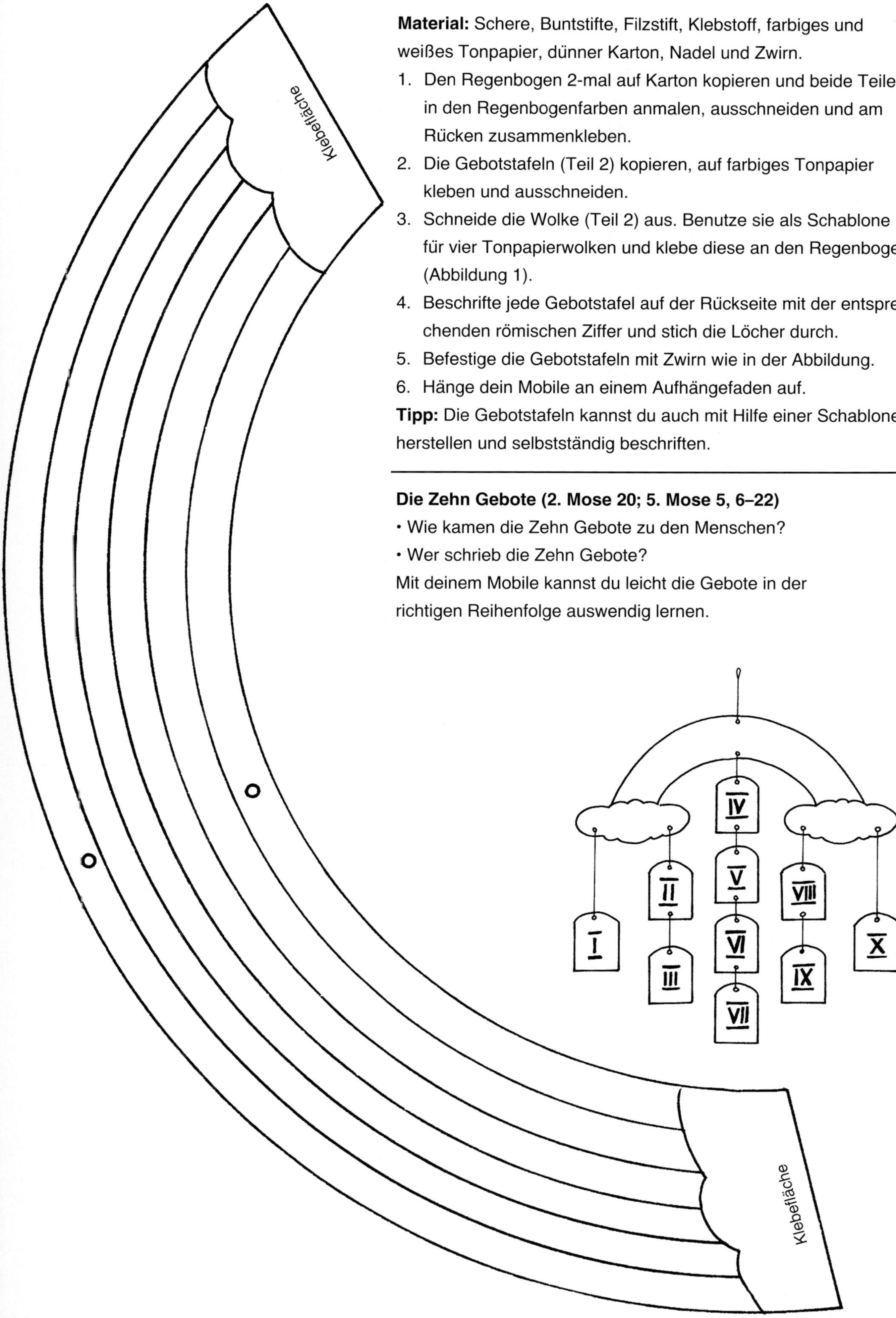

Material: Schere, Buntstifte, Filzstift, Klebstoff, farbiges und weißes Tonpapier, dünner Karton, Nadel und Zwirn.

1. Den Regenbogen 2-mal auf Karton kopieren und beide Teile in den Regenbogenfarben anmalen, ausschneiden und am Rücken zusammenkleben.
2. Die Gebotstafeln (Teil 2) kopieren, auf farbiges Tonpapier kleben und ausschneiden.
3. Schneide die Wolke (Teil 2) aus. Benutze sie als Schablone für vier Tonpapierwolken und klebe diese an den Regenbogen (Abbildung 1).
4. Beschrifte jede Gebotstafel auf der Rückseite mit der entsprechenden römischen Ziffer und stich die Löcher durch.
5. Befestige die Gebotstafeln mit Zwirn wie in der Abbildung.
6. Hänge dein Mobile an einem Aufhängefaden auf.

Tipp: Die Gebotstafeln kannst du auch mit Hilfe einer Schablone herstellen und selbstständig beschriften.

Die Zehn Gebote (2. Mose 20; 5. Mose 5, 6–22)

• Wie kamen die Zehn Gebote zu den Menschen?
• Wer schrieb die Zehn Gebote?

Mit deinem Mobile kannst du leicht die Gebote in der richtigen Reihenfolge auswendig lernen.

Ich bin der
Herr dein Gott!
Du sollst neben
mir keine anderen
Götter haben.

Du sollst
den Namen des
Herrn nicht
missbrauchen.

Beachte den
Tag der Ruhe.
Er gehört
dem Herrn.

Ehre deinen Vater
und deine Mutter!

Morde nicht!

Zerstöre
keine Ehe!

Beraube
niemanden
seiner Freiheit
und seines
Eigentums!

Sage nicht
Unwahres über
deine
Mitmenschen!

Suche nicht die
Frau eines
anderen an
dich zu bringen!

Blicke nicht
begehrlich auf
das, was einem
anderen gehört!

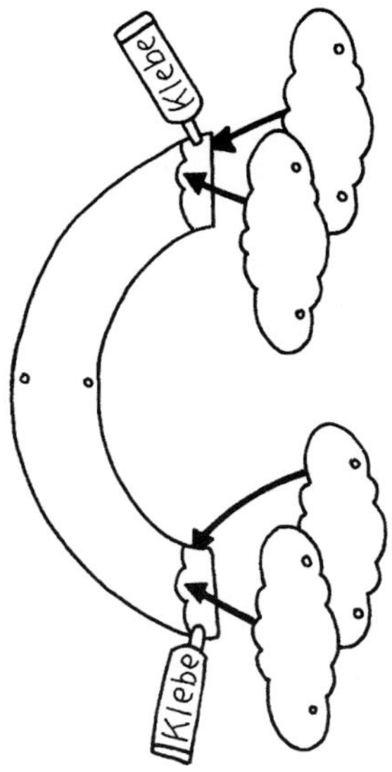

Abbildung 1

Material: Schere, Buntstifte, Klebstoff.

1. Schneide die einzelnen Elemente (Teil 1) sorgfältig aus.
2. Überlege, wo die Dinge im Altarraum (Teil 2) hingehören, lege sie an die entsprechenden Stellen und klebe sie in folgender Reihenfolge auf: Kanzel, Kreuz, Fenster, Taufbecken, Kerze, Kelch, Altardecke, Blumenstrauß, Bibel.
3. Male den Altarraum der Kirche an.

Die Kirche

- Zeige und benenne die Dinge im Altarraum.
- Besuche eine Kirche und finde alle Dinge im Altarraum wieder.
- Was hast du noch in der Kirche entdeckt?

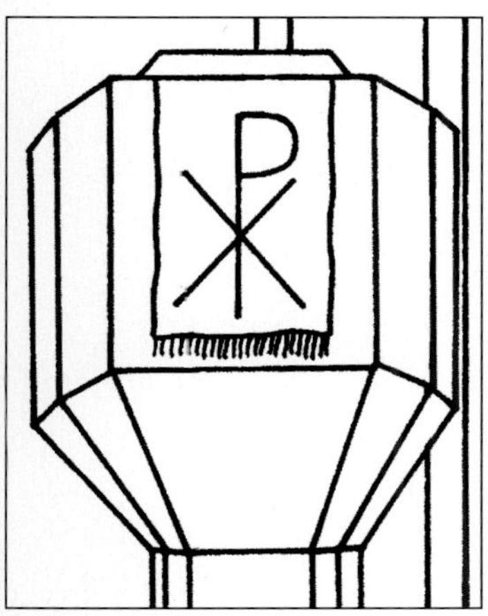

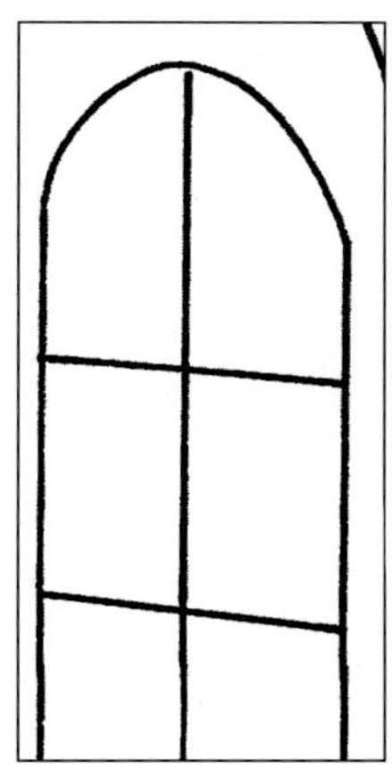
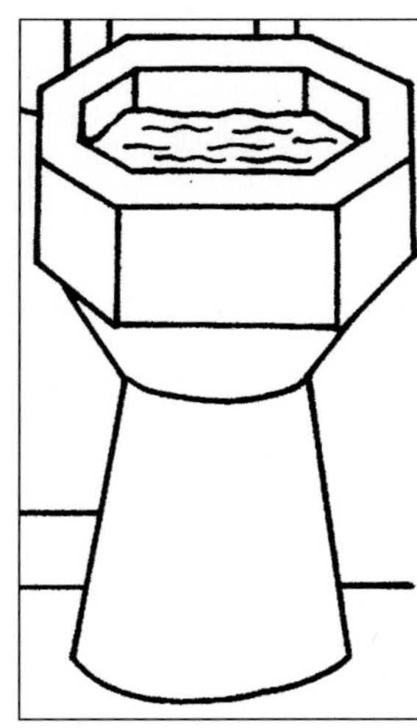

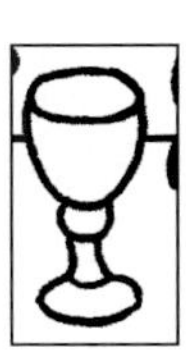
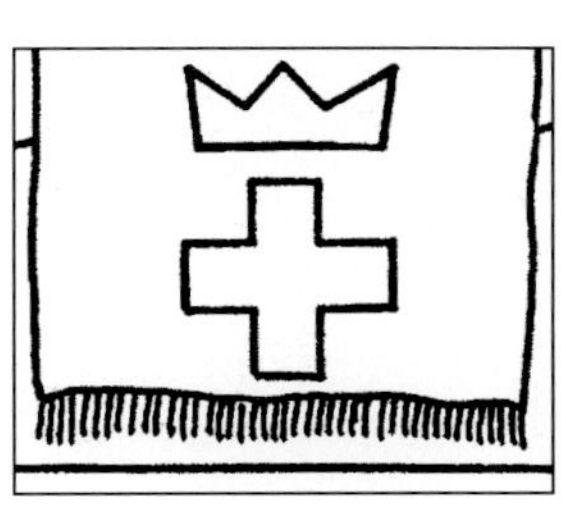

Bd. 280. Britta van Hoorn/Martina Schlecht: Basteln im Religionsunterricht

Material: Schere, Cutter, Stift, Klebstoff, fester Tonkarton, Transparentpapier, Draht, Zange, Laternenstock, Teelicht.

1. Fertige einen Boden und vier Seitenteile an. Übertrage dazu die Vorlagen (Teil 1, 2 und 3) auf Tonkarton: die Seitenteile jeweils 2-mal. Schneide die Teile aus (auch die schraffierten Flächen).
2. Klebe das Transparentpapier hinter die Motive.
3. Falte die Klebeflächen und die oberen Ränder an den Punktlinien. Klebe die Laterne wie in Abbildung 1 zusammen.
4. Stich im oberen Rand die Löcher durch. Biege aus Draht einen Bügel und befestige ihn in den Löchern. Klebe das Teelicht an den Boden. Jetzt brauchst du nur noch einen Laternenstock.

Tipp: Ohne Drahtbügel und Laternenstock ist es eine schöne Laterne für das Klassenzimmer.

Abbildung 1

Laternelaufen

Das Laternelaufen findet meist um den 11. November, dem Festtag des Sankt Martin, statt.

- Wer war dieser Heilige? Erforsche seine Geschichte!

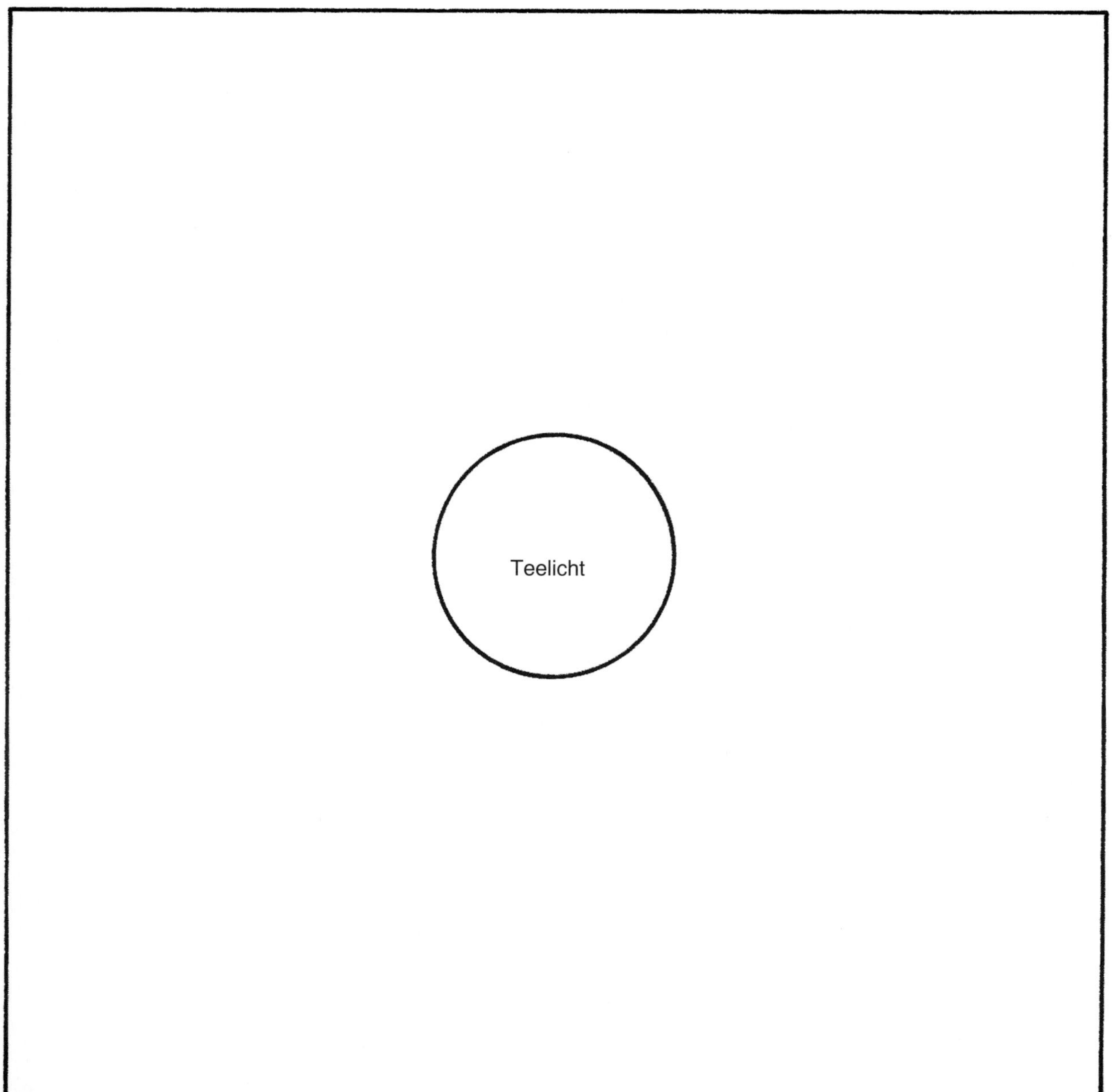

knicken und hinten ankleben
Klebefläche
Klebefläche

knicken und hinten ankleben
Klebefläche
Klebefläche

Material: Schere, Buntstifte, Plakafarbe, Pinsel, Klebstoff, fester Karton, ovale Käseschachtel.

1. Klebe oder kopiere die Vorlagen (Teil 1 und 2) auf festen Karton und male sie an.
2. Grundiere das Unterteil der Käseschachtel von außen mit Plakafarbe und lass es gut trocknen.
3. Falze die Teile und klebe das Haus der Arche (Abbildung 1) und die Figuren (Abbildung 2) zusammen.
4. Klebe das Haus, den Steg und die Figuren auf die Schachtel.

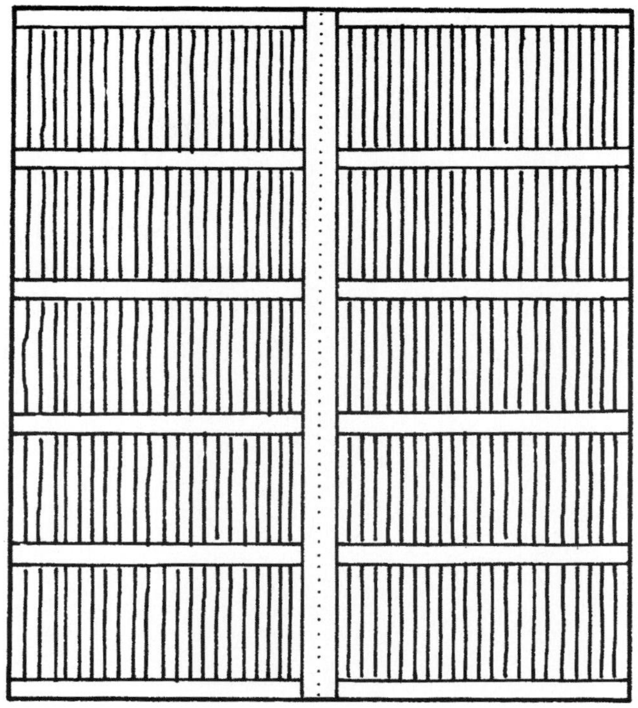

Die Sintflut (1. Mose 7, 8 und 9)

Noah baute eine Arche nach Gottes Anweisungen. Er nahm seine Familie und von jedem Tier ein Männchen und ein Weibchen mit auf die Arche. Als die Taube, die er aussandte, mit einem Ölzweig zurückkehrte, wusste Noah, dass die Flut vorbei war.

• Welches Zeichen sandte Gott als Symbol für den neuen Bund mit den Menschen?

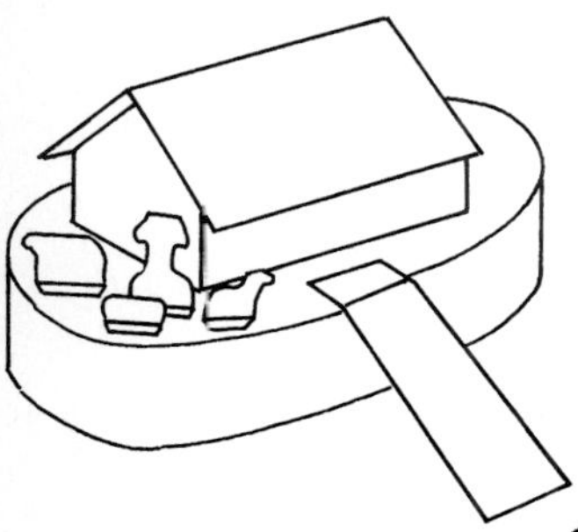

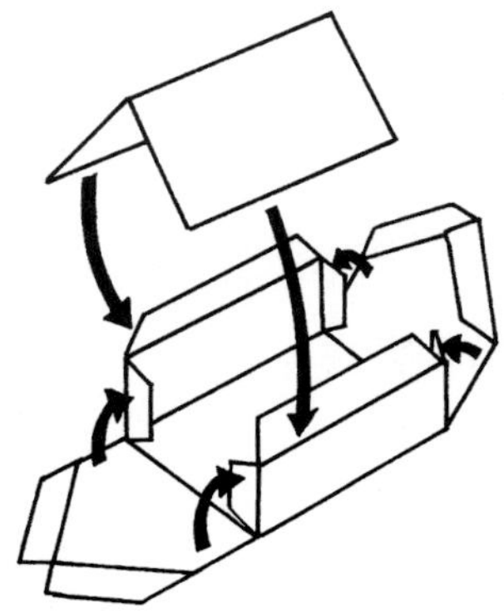

Abbildung 1

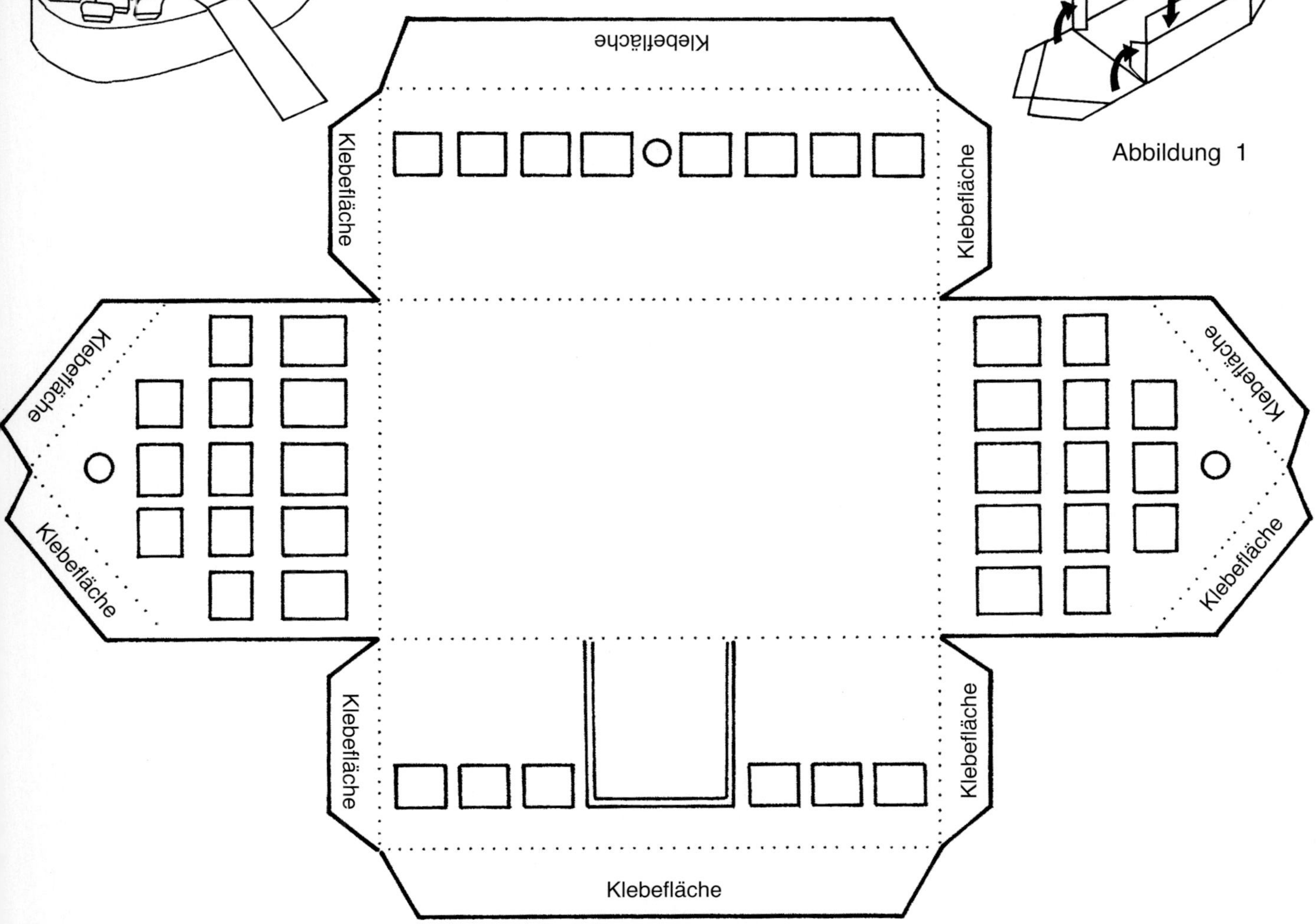

Bd. 280. Britta van Hoorn/Martina Schlecht: Basteln im Religionsunterricht

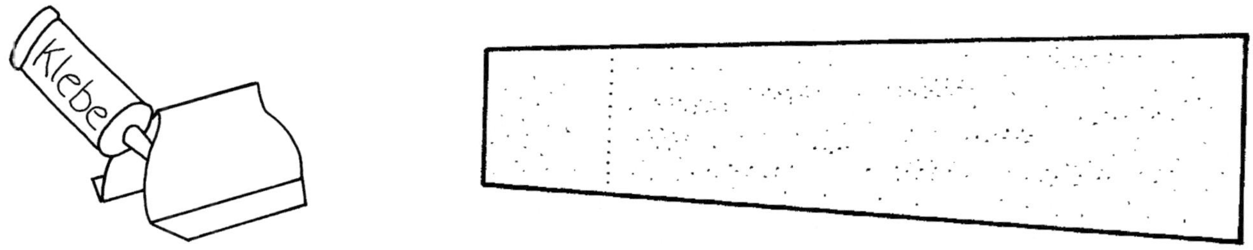

Abbildung 2

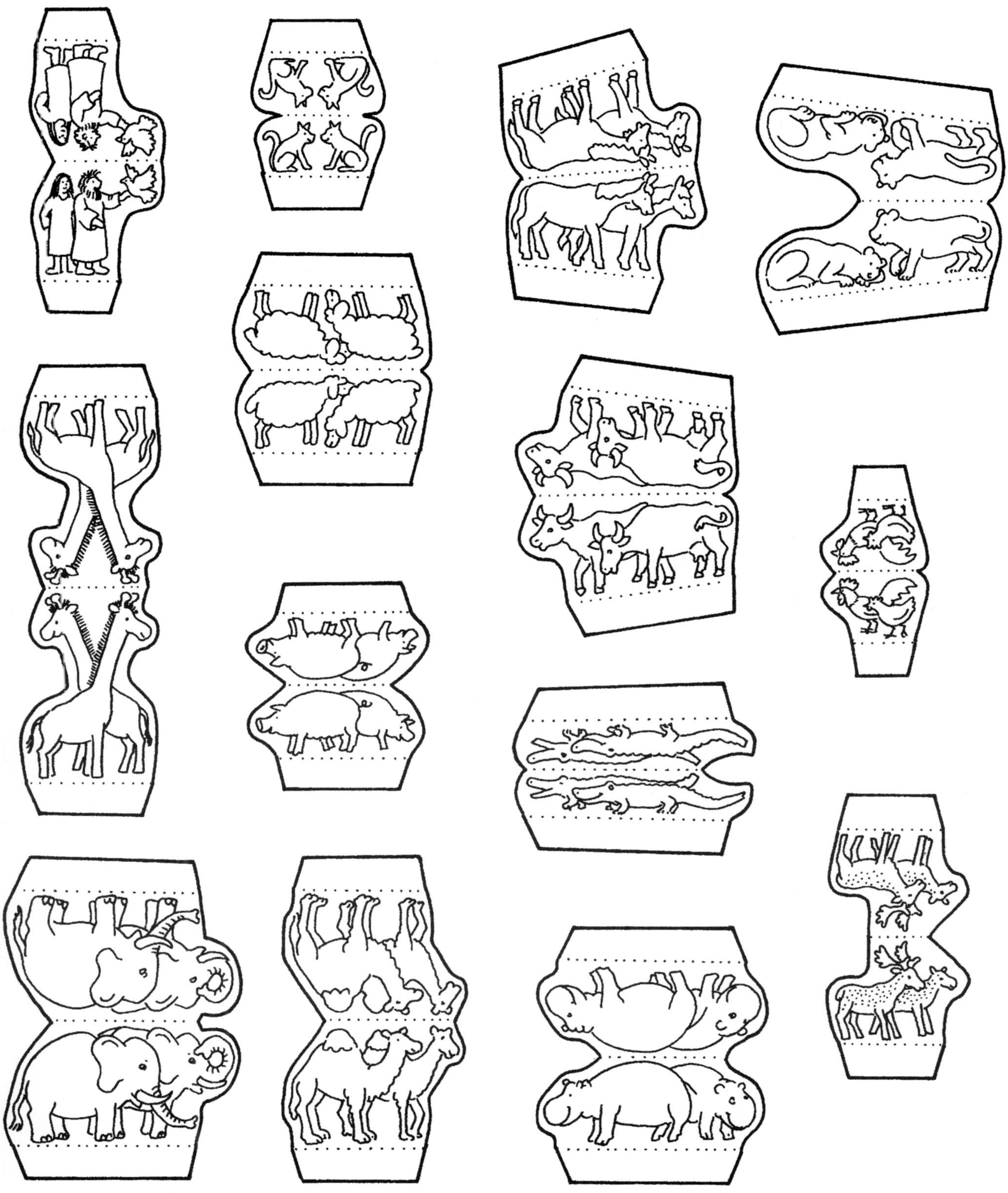

Material: Schere, Buntstifte, Klebstoff, fester Karton, Nadel und Garn.

1. Klebe oder kopiere die Vorlagen (Teil 1 und 2) auf festen Karton, male sie an und schneide sie sorgfältig aus.
2. Falze sie an den Punktlinien und klebe die Teile wie in der Abbildung 1 zusammen.
3. Verbinde Pferde und Wagen mit Garn und befestige die Zügel an den eingezeichneten Löchern (siehe Abbildung).

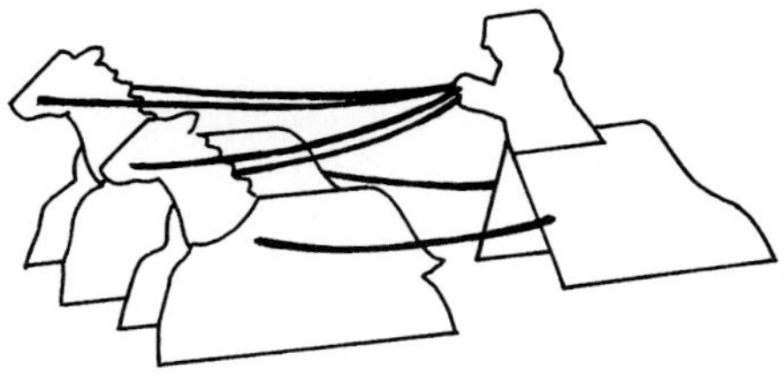

Das Wiedersehen (1. Mose 46, 28–32)

Josef fuhr seinem Vater mit einem ägyptischen Rennwagen entgegen.

- Warum lebte Josef in Ägypten?
- Lies die Geschichte in deiner Kinderbibel nach! (1. Mose 37)

Abbildung 1

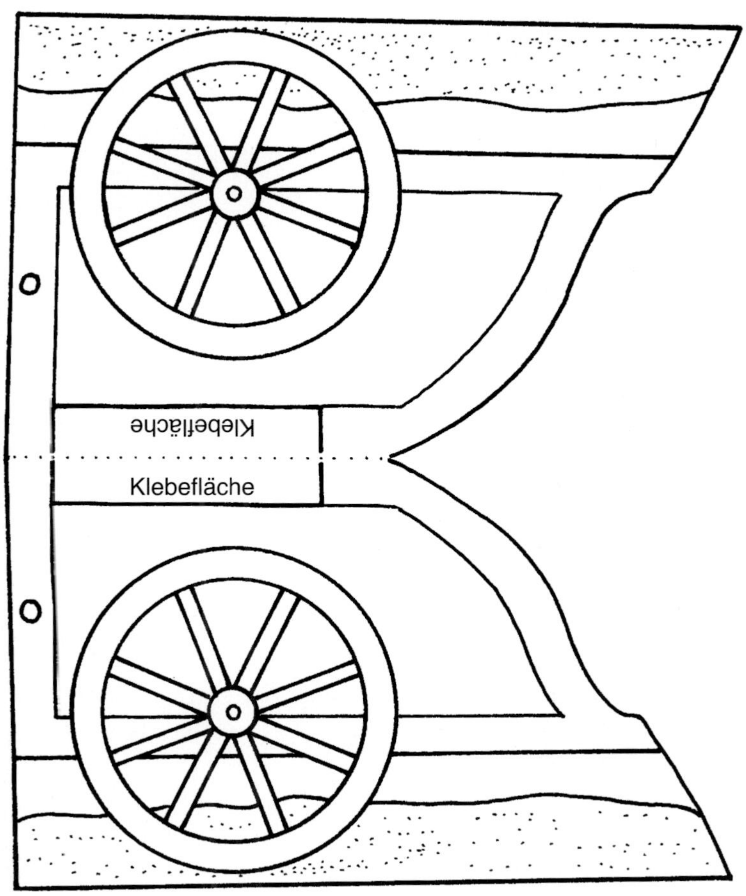

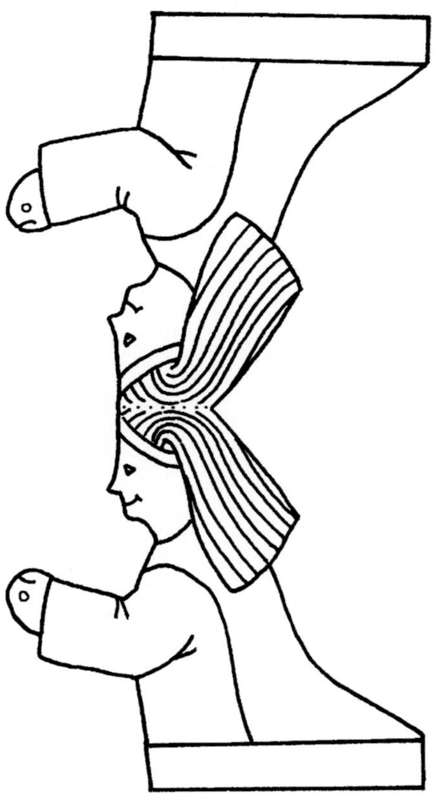

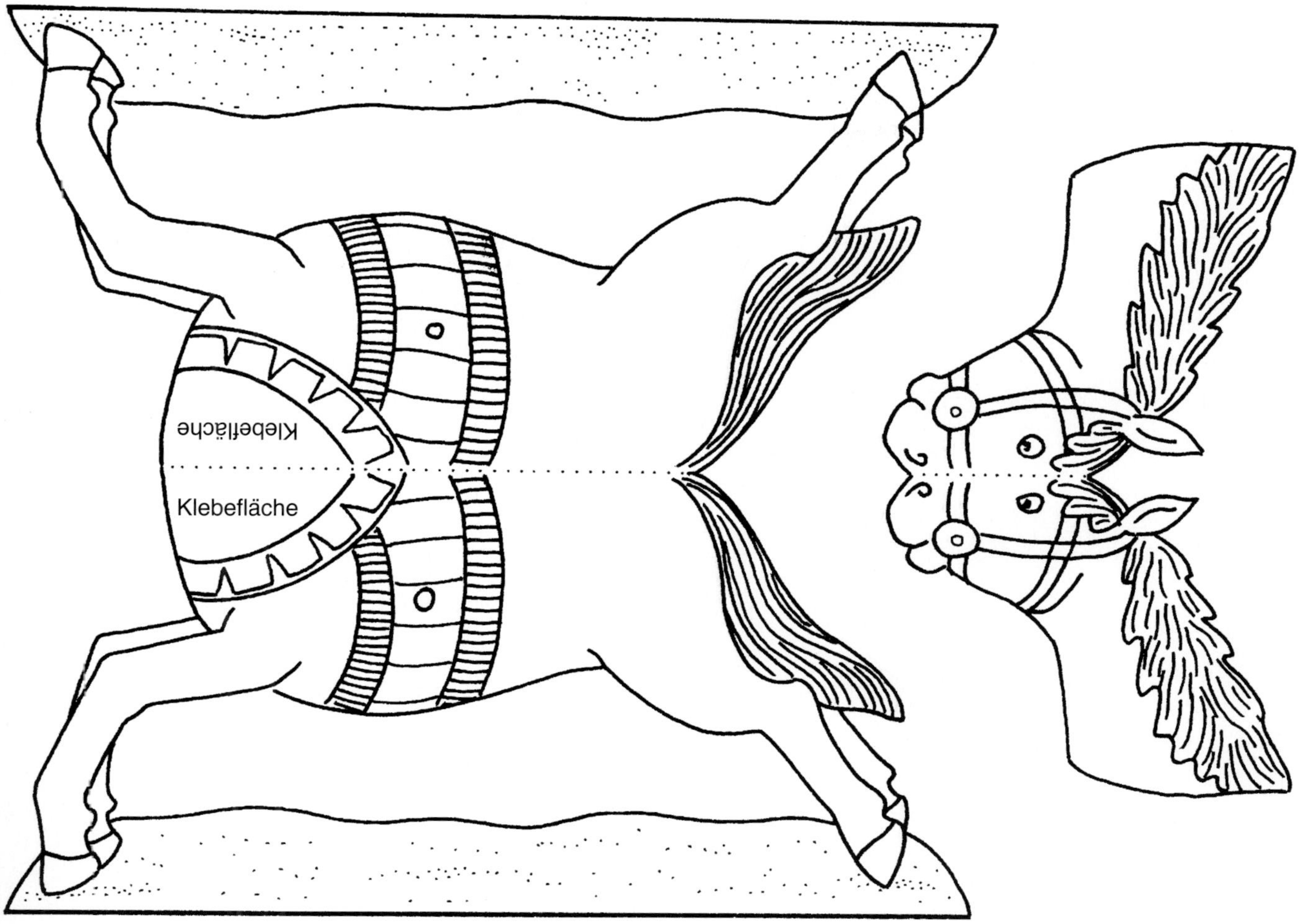
Klebefläche
Klebefläche

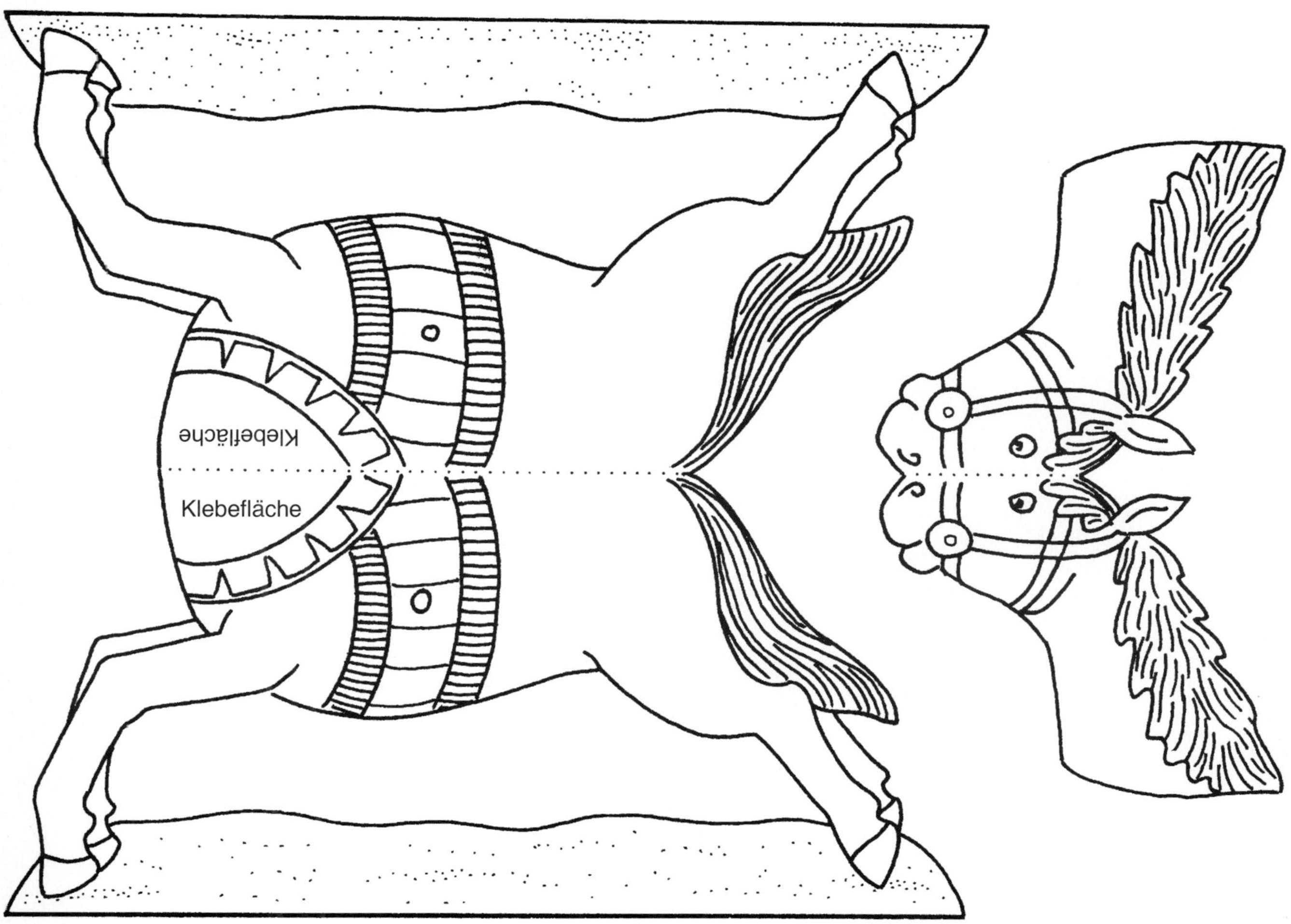
Klebefläche
Klebefläche

Material: Schere, Buntstifte (Plakafarbe, Pinsel), Klebstoff, fester Karton (Pappe), Rundhölzer, Draht (Schaschlikstäbe), Klebefilm, 4 Briefklammern, Nadel und Faden.

1. Vergrößere die Vorlagen (Teil 1 und 2) auf dem Kopierer und klebe sie auf festen Karton oder Pappe.
2. Male alle Teile der Figuren an und schneide sie aus.
3. Stich die eingezeichneten Löcher durch, verbinde die Armgelenke mit Briefklammern und befestige mit Nadel und Faden den Stein an Davids Hand (siehe Abbildungen 1 und 2).
4. Befestige Rundhölzer und Draht mit Klebefilm an der Rückseite der Figuren.

David und Goliath (1. Samuel 17)

- Lies die Geschichte in der Kinderbibel nach!
- Schreibe einen kleinen Dialog für deine Spielfiguren.
- Suche dir einen Partner und spielt den Kampf zwischen David und Goliath nach.

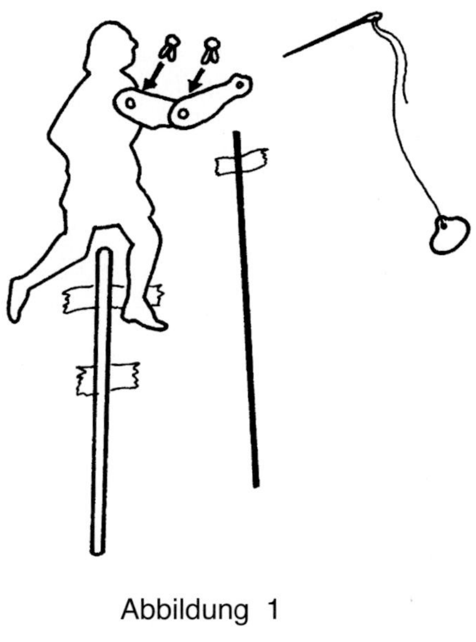

Abbildung 1

Abbildung 2

Material: Schere, Cutter, Schneideunterlage, Buntstifte, Klebstoff, fester Karton, Schaschlikstäbe (Trinkhalme), Schuhkarton.

1. Schneide in eine lange Seitenwand des Schuhkartons mit dem Cutter eine große rechteckige Öffnung (Abbildung 1).
2. Zeichne auf den Boden des Kartons einen Halbkreis und schneide einen Schlitz für die Sonne ein (Abbildung 2). Schneideunterlage nicht vergessen!
3. Klebe oder kopiere alle Vorlagen (Teil 2, 3 und 4) auf festen Karton, male sie an und schneide sie aus.
   (Weinstöcke: Linie in der Klebefläche einschneiden.)
4. Falze die Teile an den Punktlinien.
   (Weinstöcke: nach vorn und nach hinten falzen.)
5. Setze den Karton in den Deckel, gestalte Seiten und Boden farbig. Stecke die Sonne in den Schlitz und klebe den Weinberg darunter. Klebe die Weinstöcke in den Karton (Abbildung 3).
5. Lege bei den übrigen Teilen einen Schaschlikstab oder Trinkhalm dazwischen und klebe sie am Rücken zusammen (Abbildung 4).

Die Arbeiter im Weinberg (Matth. 20, 1–16)

- Lies die Geschichte in der Kinderbibel nach!
- Schreibe einen kleinen Dialog für deine Spielfiguren.
- Suche dir einen Partner und spielt das Gleichnis nach.

Abbildung 1

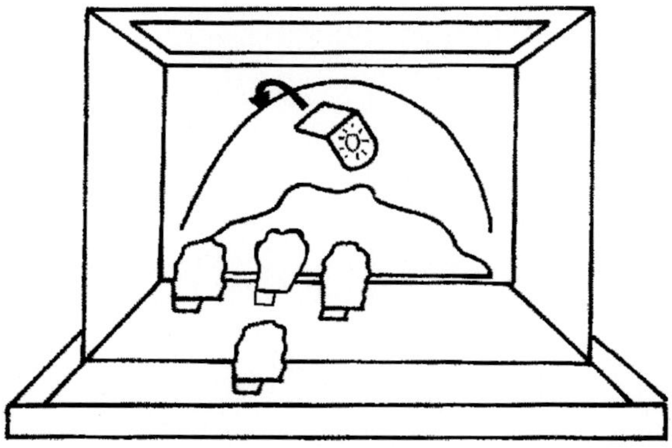

Abbildung 3

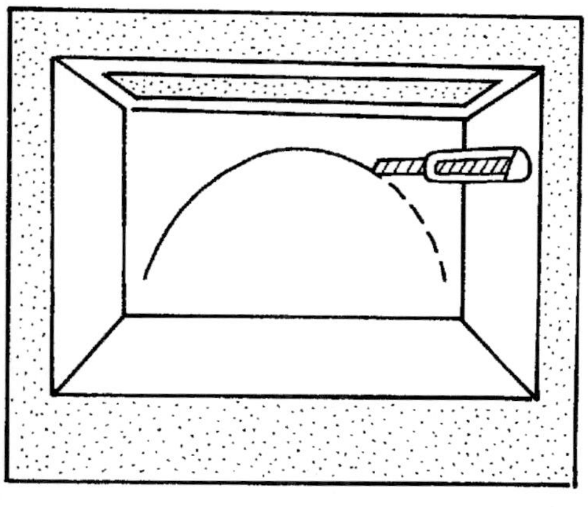

Abbildung 2

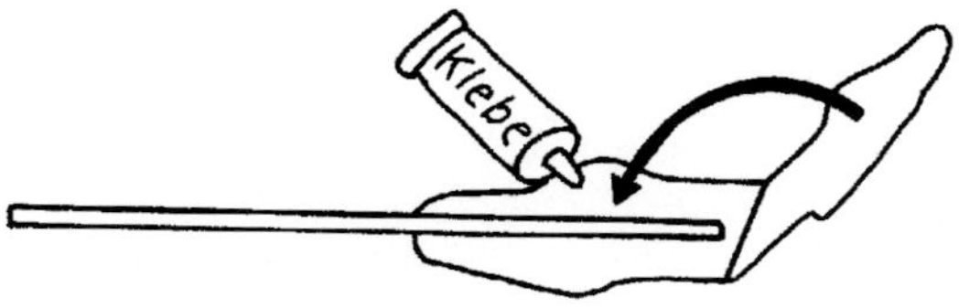

Abbildung 4

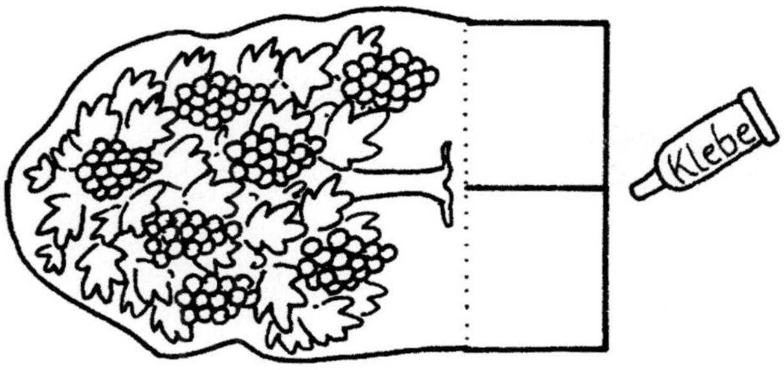
Klebe

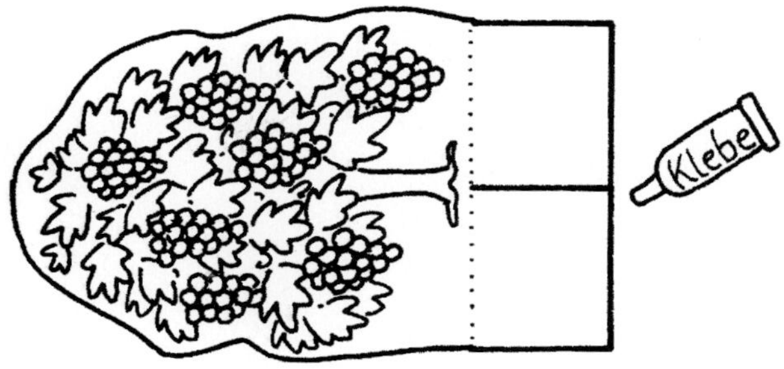
Klebe

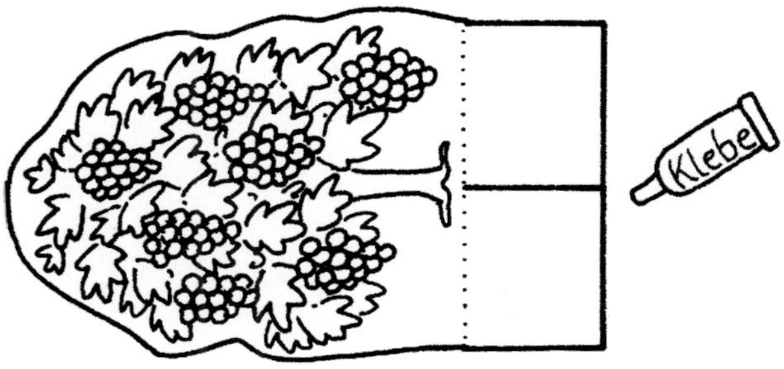
Klebe

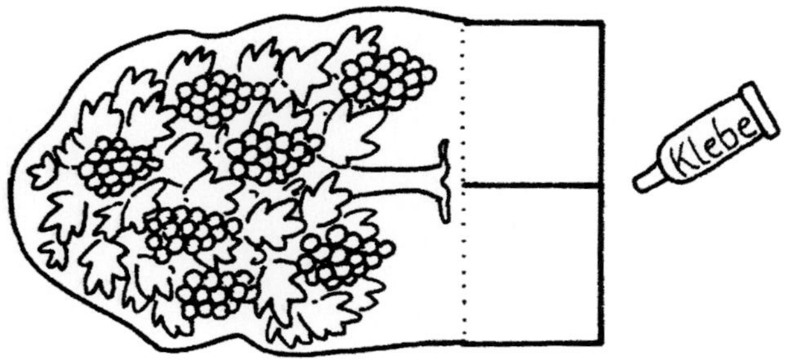
Klebe

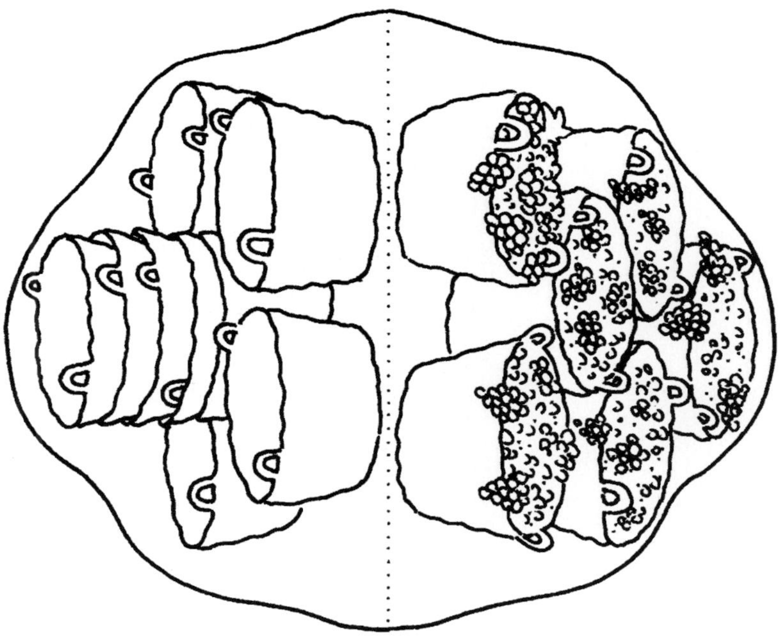

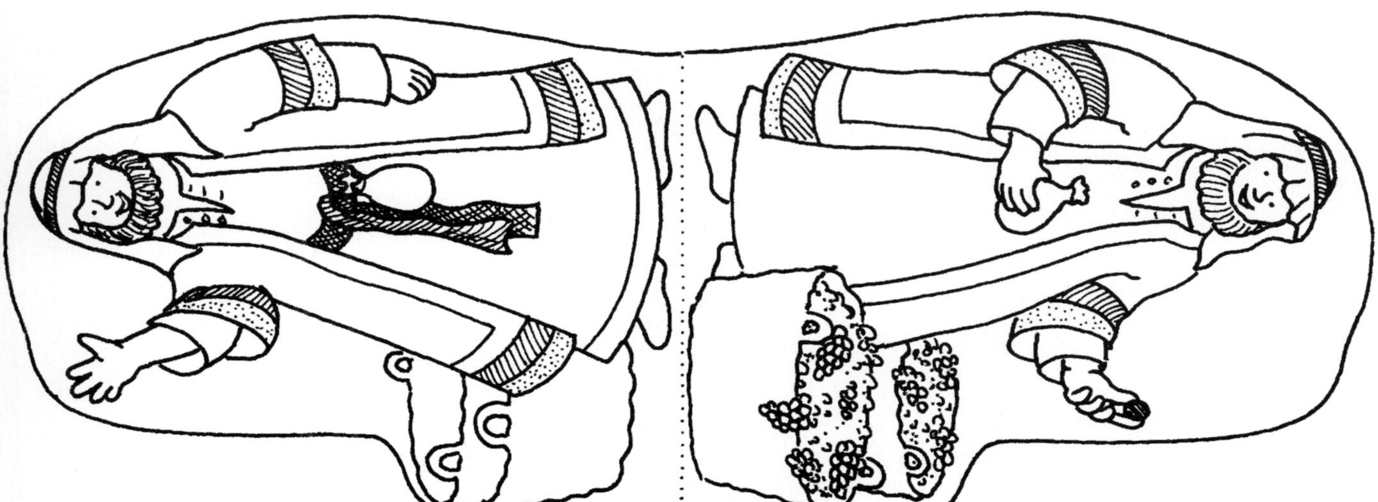

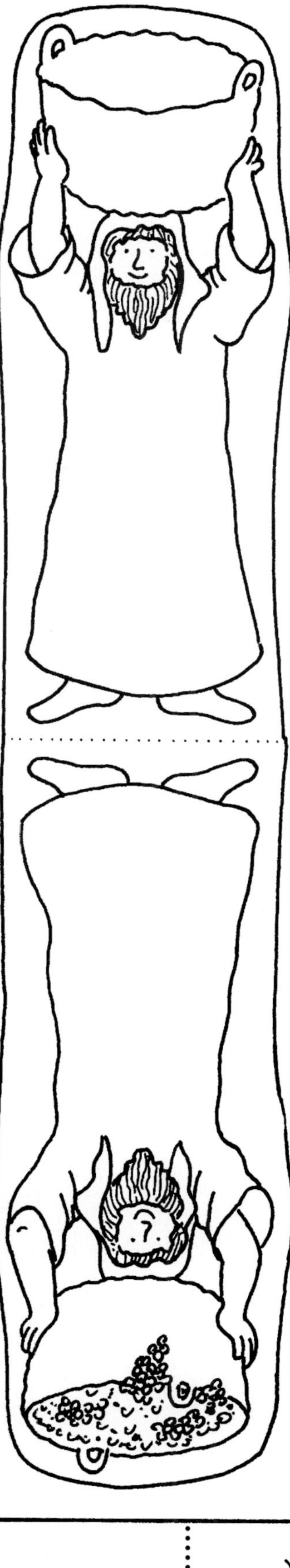

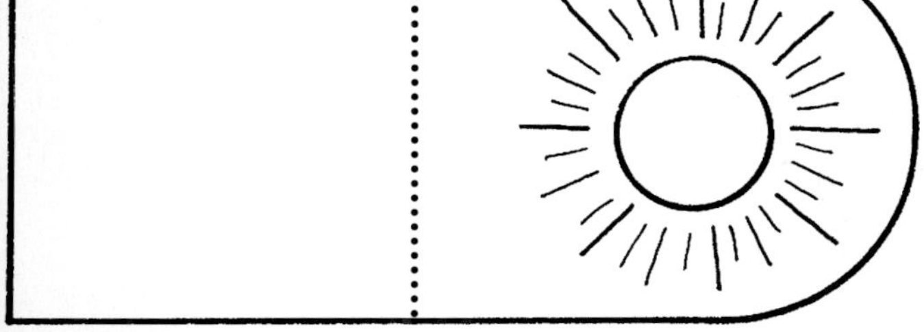

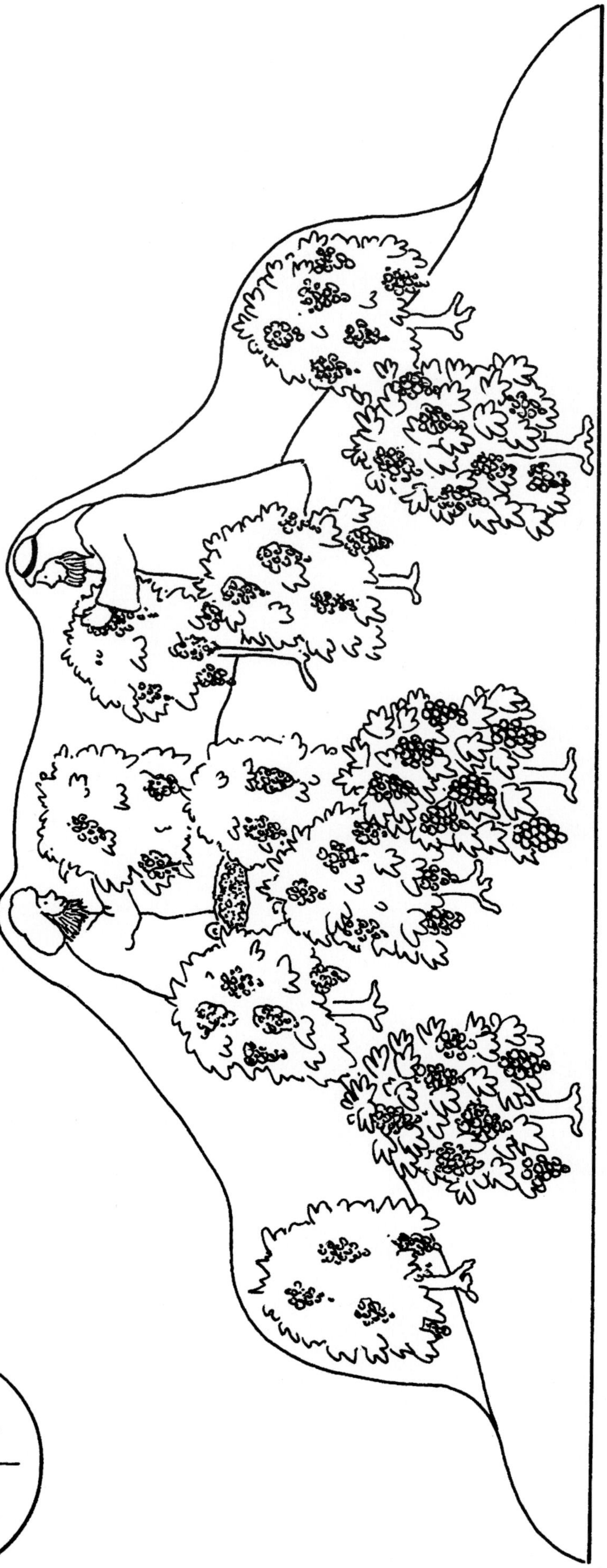

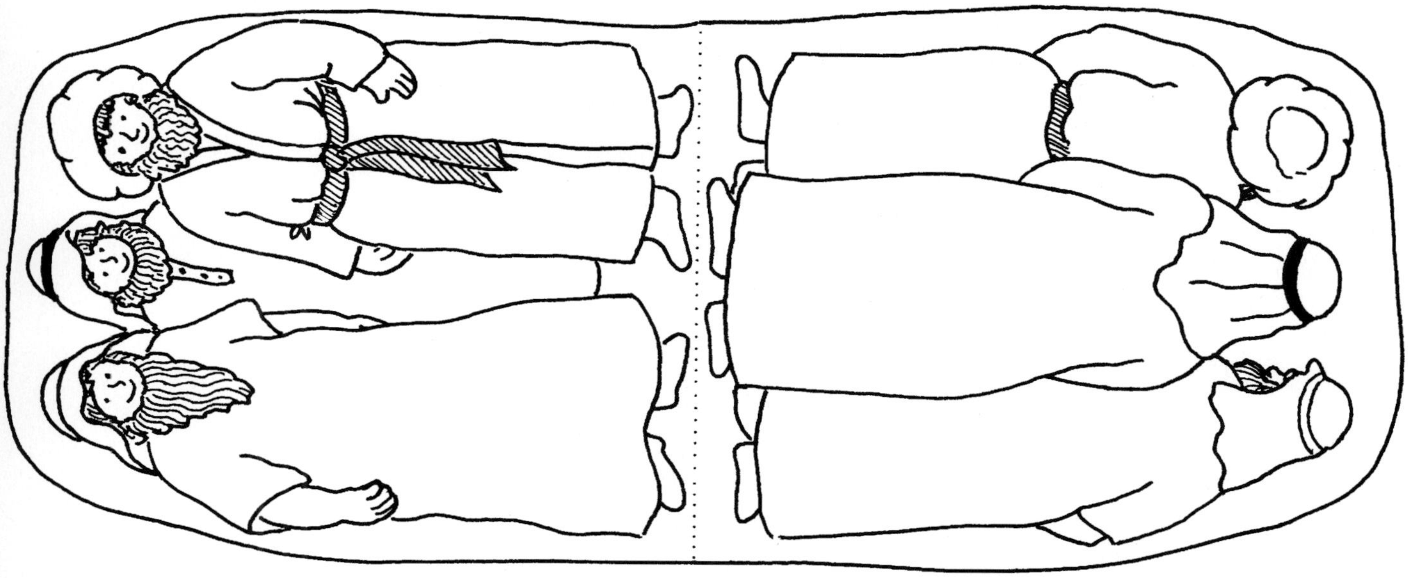

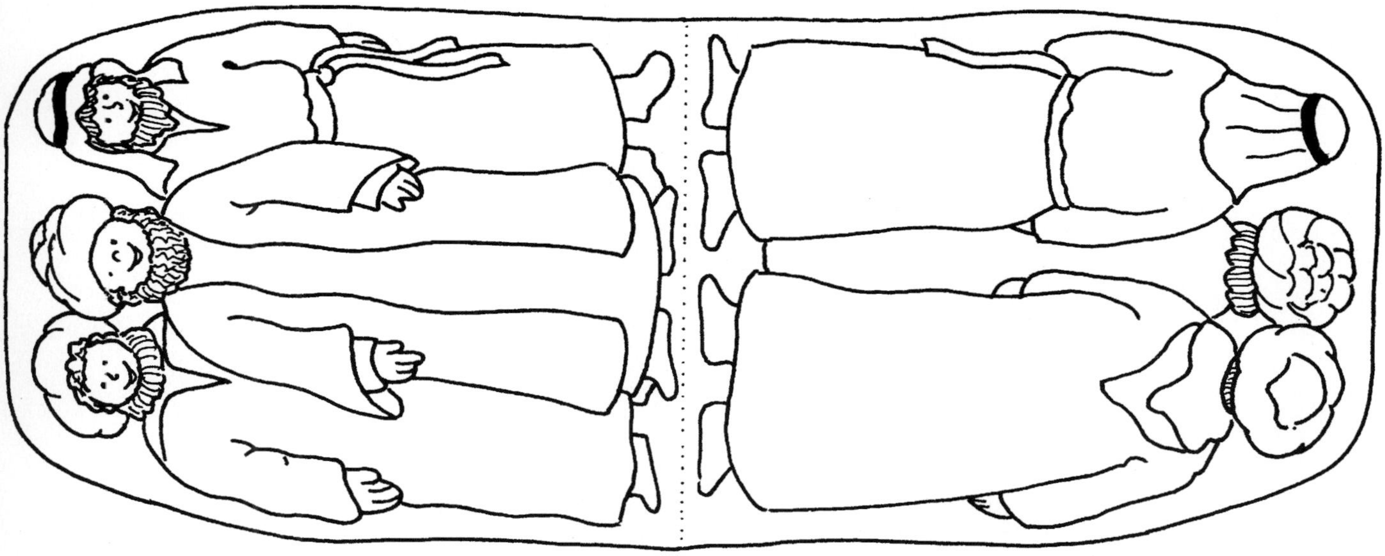

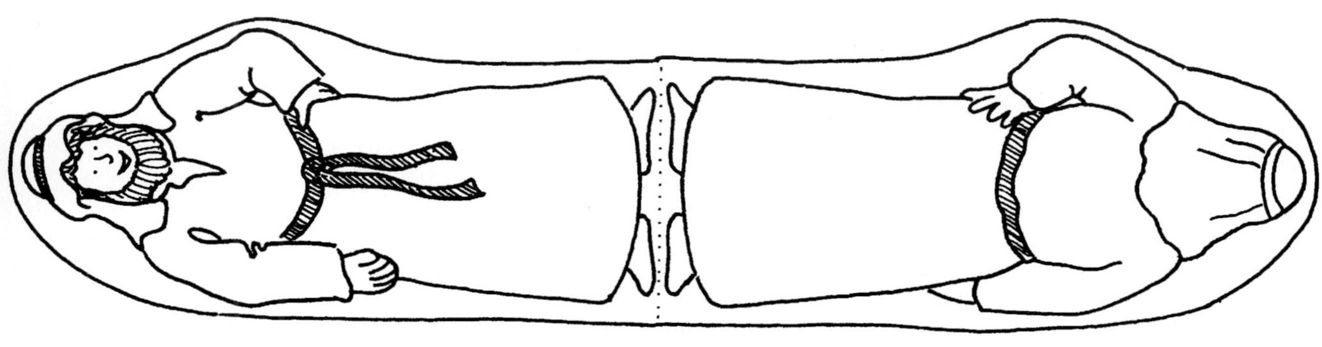

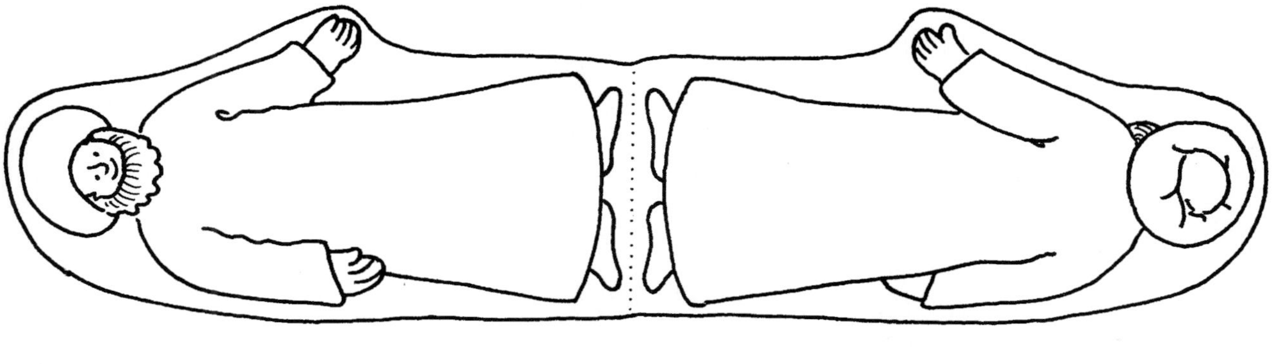

Material: Schere, Cutter, Buntstifte, Klebstoff, Klappkarte (10,5 cm x 15 cm).

1. Male die Vorlagen an und schneide sie aus.
2. Schneide mit dem Cutter die beiden senkrechten Stege in der Landschaft ein.
3. Falte die Vorlage an den Punktlinien.
4. Klebe die Landschaft in die Klappkarte (siehe Abbildung). Achtung: Haltestege aufklappen, nicht mit festkleben.
5. Klebe die Figuren an die Haltestege.

Weihnachten

Schreibe auf die untere Hälfte deiner Karte einen Gruß zum Weihnachtsfest. Verschenke oder versende deine Weihnachtsgrüße an einen Menschen, den du sehr lieb hast.

Du kannst die Karte auch einfach in einen Briefkasten werfen. Vielleicht erreicht sie einen Menschen, der Jesus besonders braucht.

Material: Schere, Cutter Buntstifte, Klebstoff, Klappkarte (10,5 cm x 15 cm).

1. Male die Vorlagen an.
2. Schneide die Vorlagen aus. Schneide mit dem Cutter die drei senkrechten Stege in der Landschaft ein.
3. Falte die Vorlage an den Punktlinien.
4. Klebe die Vorlagen in die Klappkarte (siehe Abbildung).
   Achtung: Haltestege aufklappen, nicht mit festkleben.
5. Klebe Grabhöhle und Frauen an die Haltestege.

Ostern

Schreibe auf die untere Hälfte deiner Karte einen Gruß zum Osterfest. Verschenke oder versende deine Ostergrüße an einen Menschen, den du sehr lieb hast.

Du kannst die Karte auch einfach in einen Briefkasten werfen. Vielleicht erreicht sie einen Menschen, der die Hoffnung der Auferstehung besonders nötig hat.

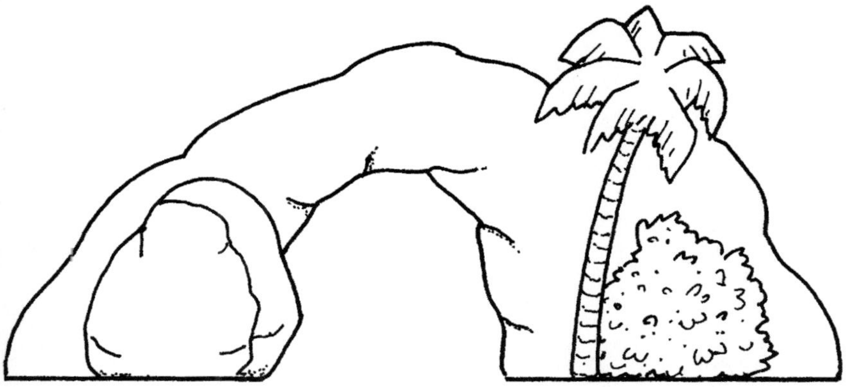

Material: Schere, Buntstifte, Klebstoff, farbiges Tonpapier, Nadel und Zwirn.

1. Male die Vorlagen (Teil 1, 2 und 3) an und klebe sie auf farbiges Tonpapier. (Du kannst die Farben des Regenbogens verwenden.)
2. Schneide alle Engel und Jakob sorgfältig aus.
3. Stich die eingezeichneten Löcher durch und verbinde die Engel (der Größe nach) und Jakob mit Zwirn wie in der Abbildung.
4. Befestige einen Aufhängefaden und hänge dein Mobile auf.

Jakob und die Himmelsleiter (1. Mose 28, 10–22)

Jakob musste von zu Hause flüchten. Unterwegs legte er sich auf einem Stein nieder und schlief ein. Er sah eine große Leiter, die von der Erde bis zum Himmel reichte. Auf ihr stiegen die Engel auf und nieder. Jakob nannte diesen Ort Bethel – Haus Gottes.

• Lies die Geschichte in deiner Kinderbibel nach!

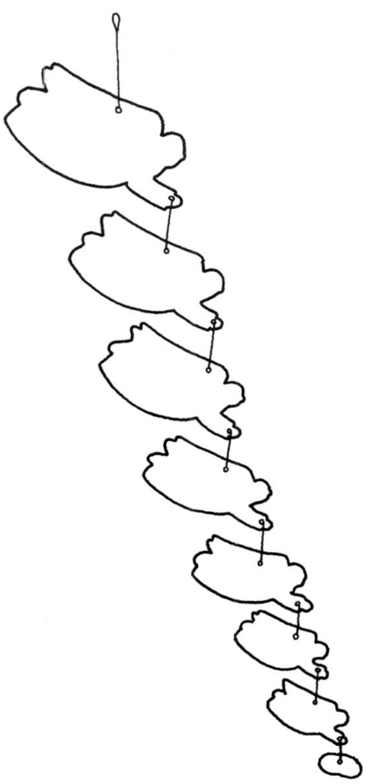

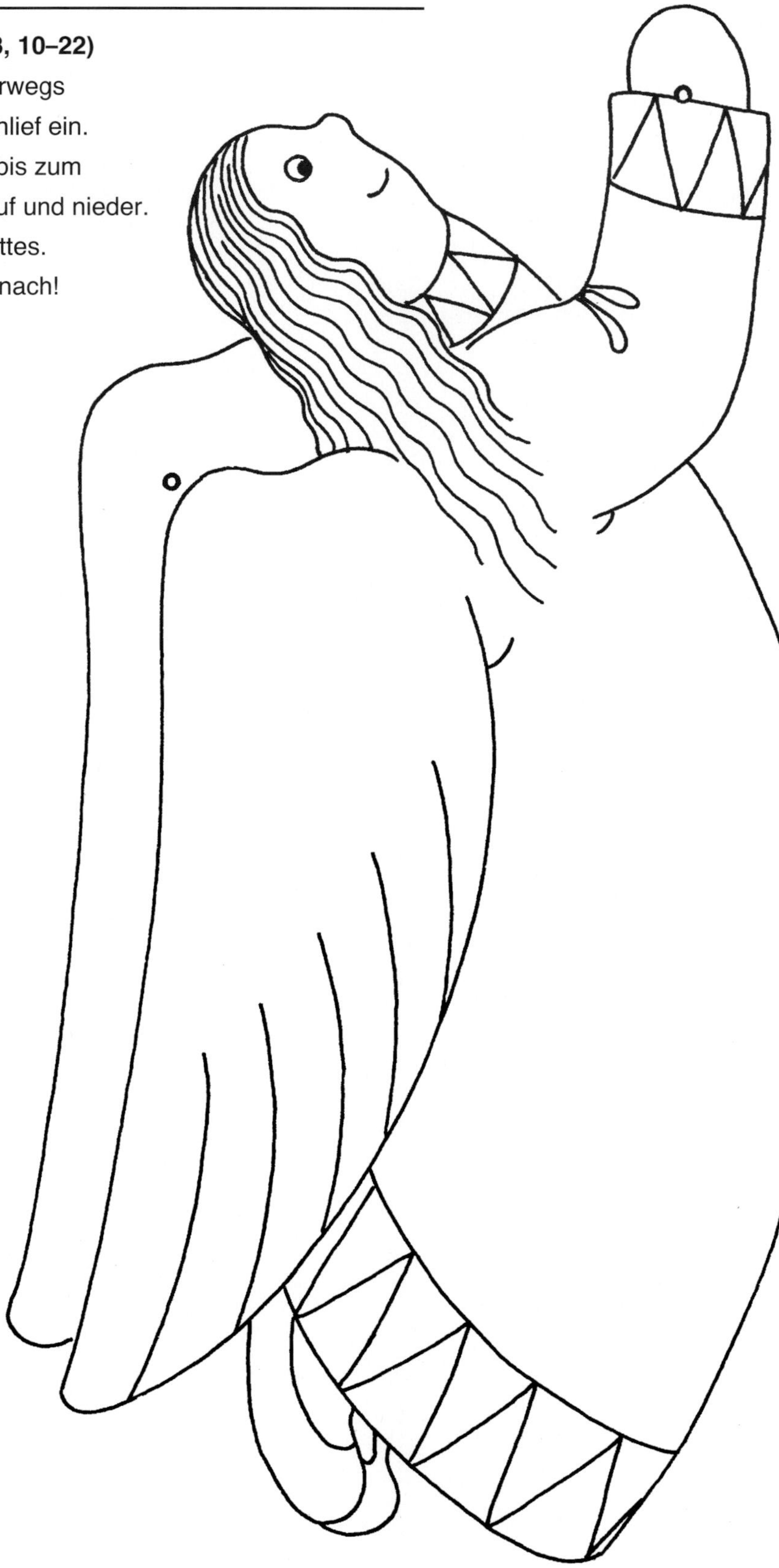

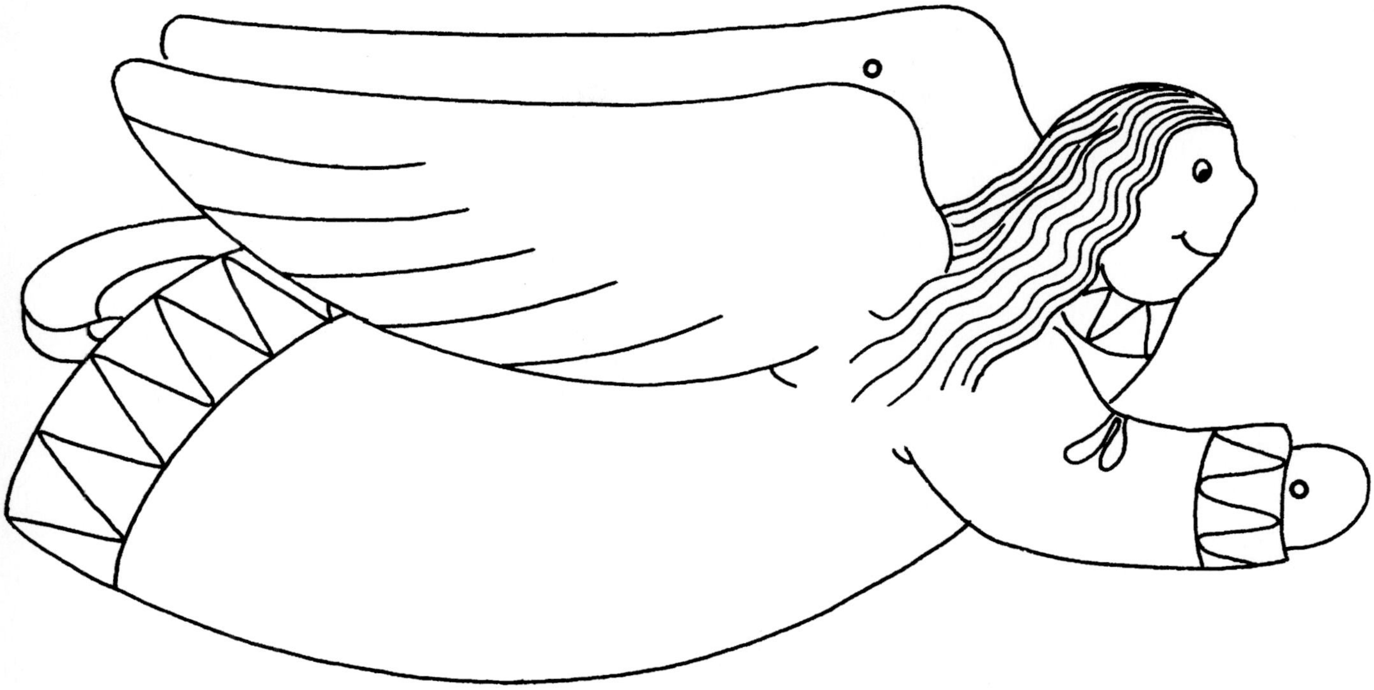

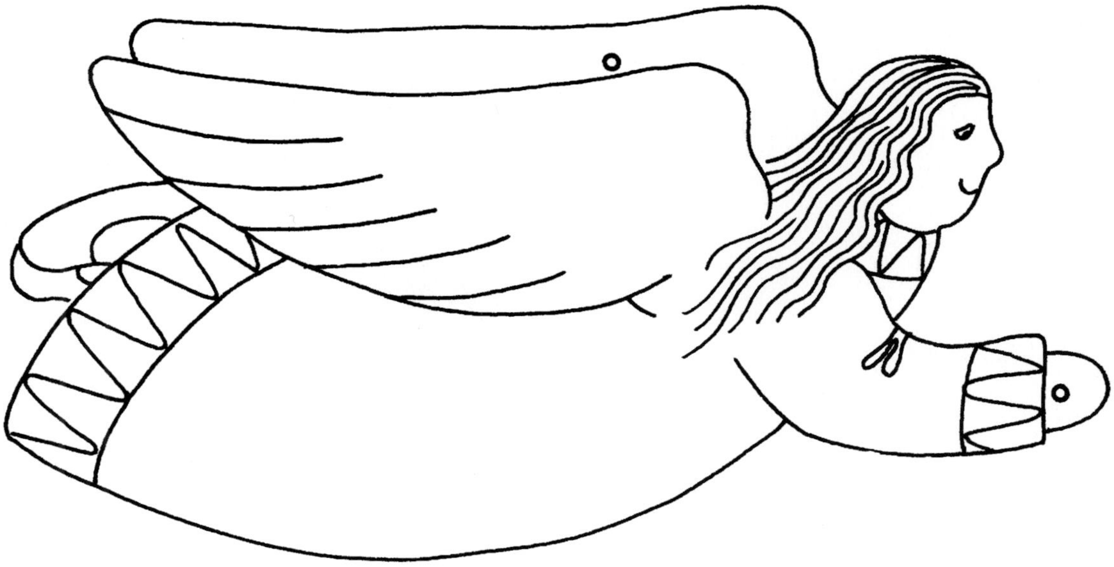

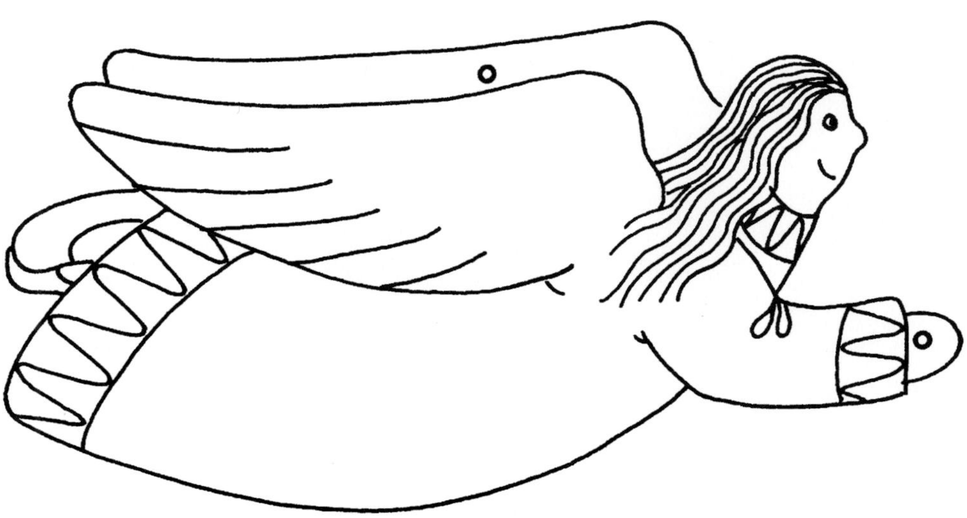

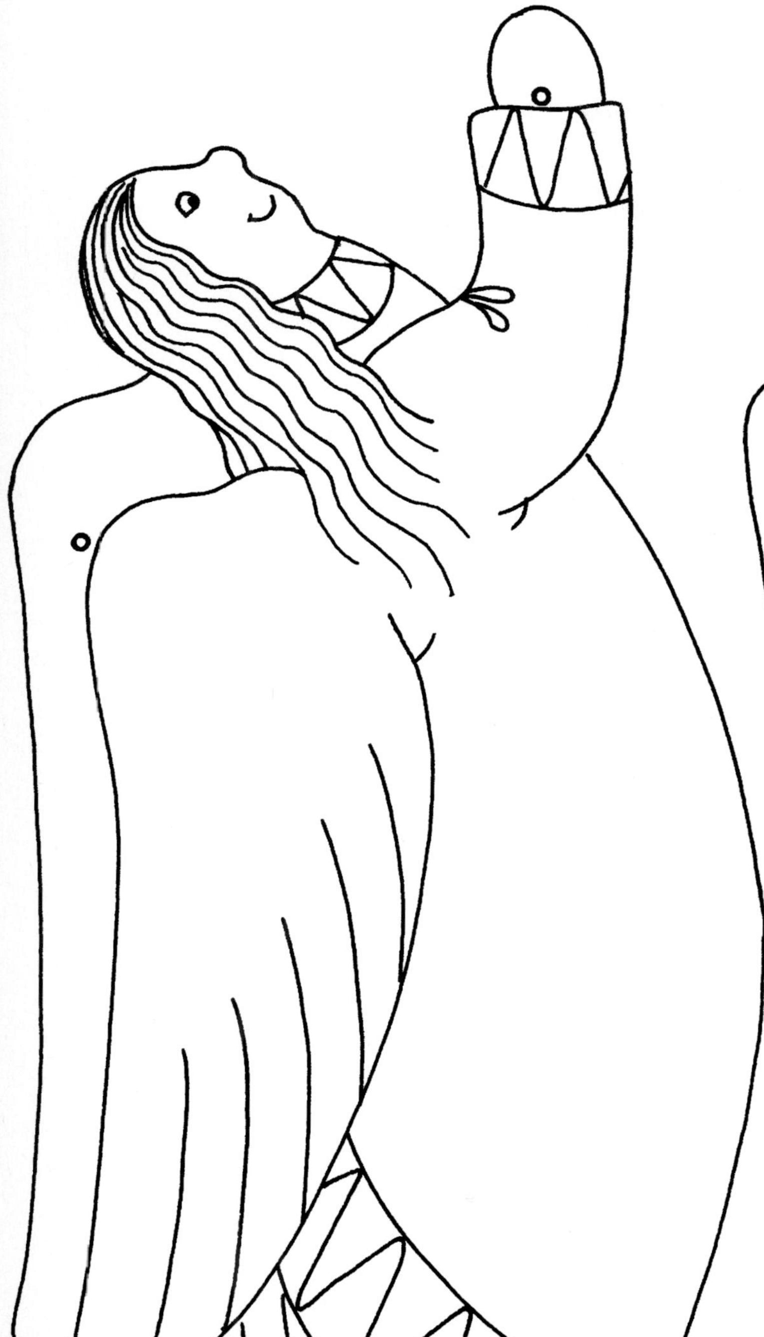